Sobrecarga mental

Guía para ordenar tus pensamientos, evitar el estrés y la ansiedad. Aprende a no pensar en exceso y a vivir sin preocupaciones

LETICIA CABALLERO

Nota legal

El siguiente documento se reproduce a continuación con el objetivo de proporcionar información lo más precisa y confiable posible.

Esta declaración se considera justa y válida tanto por el Colegio de Abogados de los Estados Unidos como por el Comité de la Asociación de Editores y es legalmente vinculante en todo Estados Unidos.

Además, la transmisión, duplicación o reproducción de cualquier parte del siguiente trabajo, incluida la información específica, se considerará un acto ilegal, independientemente de si se realiza de forma electrónica o impresa. Esto se extiende a la creación de una copia secundaria o terciaria del trabajo o una copia grabada y solo se permite con un consentimiento expreso por escrito del editor. Todos los derechos reservados.

La información en las siguientes páginas se considera en general como una descripción veraz y precisa de los hechos y, como tal, cualquier falta de atención, uso o mal uso de los datos en cuestión por parte del lector, hará que las acciones resultantes sean únicamente de su competencia. No hay escenarios en los que el editor o el autor original de este trabajo puedan ser considerados responsables de cualquier dificultad o daño que pueda ocurrirle al lector tras analizar la información aquí descrita.

Además, la información en las siguientes páginas está destinada únicamente a fines informativos y, por lo tanto, debe considerarse como universal. Como corresponde a su naturaleza, la información presentada no garantiza su validez ni su calidad provisional. Las menciones a marcas comerciales se realizan sin consentimiento por escrito y de ninguna manera puede considerarse que hay un respaldo del titular de la marca comercial.

Índice

Introducción

La mente humana es, sin lugar a dudas, un aparato increíble que permite a cada uno de nosotros realizar todas las actividades, y es que desde que nos levantamos hasta incluso mientras dormimos, la mente siempre está al mando de cada una de las acciones, coordina todos nuestros movimientos, pensamientos, funciones orgánicas, emociones, y todo lo que nos hace estar realmente vivos. Es tan increíble que sin importar que estemos dormidos, la mente siempre se encuentra trabajando mediante nuestro subconsciente, tratando de poner orden a las ideas. Estamos de acuerdo en que no hay manera de deslindar al cerebro de ninguna actividad, incluso la más básica, por eso es fundamental darle la importancia que merece y tomar su cuidado como algo primordial en nuestro día a día, pues cada acción que realicemos para aclarar las ideas nos llevará, a su vez, a mejorar el rumbo de nuestra vida.

Sin embargo, a pesar de ser tan vital en nuestra existencia, no se ha logrado llegar a un consenso sobre qué es en realidad la mente. Generaciones interminables de científicos, filósofos, psicólogos, médicos, entre otros, han buscado durante años descifrar cómo funciona aquello que llamamos mente,-n cansancio de desentrañar el misterio de qué son lo que comúnmente llamamos pensamientos y, a pesar de notables avances tecnológicos, seguimos sin comprender en su totalidad el funcionamiento del cerebro, órgano encargado de almacenar todo aquello que nos hace racionales.

No podemos negar, bajo ninguna circunstancia, que la mente tiene infinidad de funciones y que prestarle atención a cada una de ellas es el principio para poner en orden nuestra vida, un ejemplo muy claro de ello, es que en ella se almacena infinidad de información, toda nuestra memoria se encuentran en ella, algunos recuerdos están presentes con más claridad en nuestro día con día y otros están guardados en lo profundo de nuestro inconsciente, por lo tanto, es lógico que en ocasiones nos encontremos con la mente llena de pensamientos que no nos permiten prestar la atención adecuada a nuestras actividades. Eso en ocasiones nos puede llevar a vivir con estrés o ansiedad, de forma que podemos encontrarnos en un estado de profundo agobio y desinterés por la vida.

¿Te sientes cansado o cansada de vivir en constante angustia por todas las cosas que tienes que hacer? ¿Sientes que no puedes concentrarte en tus actividades como el trabajo o la escuela? ¿Sientes que tienes la mente sobrecargada de ideas, pero no puedes llevarlas a cabo? Si la respuesta es positiva a alguna de estas preguntas, felicidades ¡este libro tiene la solución para ti!

En este sencillo manual te dotaremos de las herramientas adecuadas para dejar atrás todas esas actitudes que no te permiten salir adelante. A lo largo de estas páginas encontrarás consejos que te servirán para llevar una vida plena, totalmente libre de pensamientos negativos que nublen tu proceso de crecimiento. Es momento de dejar atrás las excusas y comenzar a actuar por tu bienestar. No es cuestión de suerte, el destino no está escrito para que fracasemos, la gente no se mete en nuestros planes para arruinarlos, ni existe una conspiración que nos impida llegar al éxito, todo, absolutamente todo lo negativo se puede erradicar con la firme convicción de dejar los pensamientos tóxicos fuera de nuestra mente y en este libro te daremos las pistas esenciales para que puedas deshacerte de ellos y te dediques a sacar lo mejor de ti.

En este libro te proponemos métodos para lidiar con el estrés provocado por exceso de trabajo, la sobrecarga de emociones, la ansiedad que conlleva sobrepensar las cosas constantemente, la falta de concentración que experimentas al intentar llevar a cabo tus planes, la inseguridad que vives por no tener claras tus metas ni los medios para conseguirlas, la constante preocupación por no avanzar en las tareas cotidianas, la sensación de estar haciendo algo y tener la mente ocupada en otras cosas. Sabemos que parece una tarea muy difícil, pero ciertamente te sorprenderás de encontrar que todas las respuestas se encuentran dentro de ti y este libro te ayudará a descubrirlas.

Algunos de los síntomas que pueden mostrarte que tienes problemas con el estrés o la ansiedad son: falta de concentración en tareas sencillas, problemas para recordar cosas, sensación de agobio, cansancio constante, pensamientos confusos, angustia por situaciones que no han sucedido, bloqueos creativos, sensibilidad extrema, problemas de sueño, entre otros. Si te sientes identificado con la mayoría de ellos, o simplemente quieres mejorar en tu productividad, este libro es para ti.

A través de la lectura de este manual encontrarás la fuerza para enfrentar las situaciones estresantes, podrás sentir desahogada tu mente para organizar tus actividades como te plazca, no tendrás problemas para establecer el orden adecuado de tareas para llegar a un objetivo, aprenderás a priorizar las situaciones que se presenten en tu vida para evitar agobio o angustia, serás capaz de manejar los momentos de acumulación de trabajo, podrás jerarquizar las tareas a realizar, tendrás las herramientas para aliviar la ansiedad y la preocupación, te sentirás motivado a alcanzar tus metas, serás más productivo y tendrás mayor eficiencia en lo que hagas.

La sobrecarga mental puede tener muchas razones, a lo largo de este libro expondremos las principales, sin embargo, una de las más comunes es la acumulación de trabajo o actividades, esto nos lleva a no poder concentrarnos, lo que a su vez, nos lleva a un constante sentimiento de aprehensión por no poder realizar lo que debemos ¿En cuántas ocasiones hemos tenido muchos pendientes y nos ha costado infinidad de esfuerzo concretarlos en tiempo y forma? ¿Cuántas veces no logramos descansar bien por la constante sensación de premura en nuestros proyectos? ¿En cuántas ocasiones nos han sobrepasado los pensamientos negativos en torno a nuestra capacidad? Todas esas situaciones pueden llenar tu mente de inseguridad y evitar que veas con claridad que, simplemente, eres mucho más que capaz de lograr cualquier metas.

Por ello, debes concentrar todos tus esfuerzos en cambiar estos pensamientos por posturas positivas que te permitan superar los momentos de estrés. En este libro, descubrirás mediante consejos fáciles de llevar a cabo cómo bloquear todo lo negativo y así lograr todo aquello que te propongas. Así que no perdamos tiempo y comencemos a explorar todas las opciones para mejorar y aprende a sacar la mejor versión de ti mismo en todo momento.

Capítulo Uno:

¿El estrés controla tu vida?

Todos hemos sufrido estrés en algún punto de nuestra vida. Saturación laboral, mal manejo de nuestras emociones, episodios traumáticos, cambios abruptos de nuestras rutinas, situaciones familiares adversas e, incluso, algunas de las responsabilidades que a simple vista son las más cotidianas y fáciles de controlar, pueden también desencadenar periodos importantes de estrés.

Es comprensible que en un mundo que avanza de manera acelerada, estos periodos de estrés sean cada vez más comunes en personas de todas las edades, religiones y culturas. Está claro que no siempre fue así y que en otros tiempos la palabra "estrés" no figuraba, ni por asomo, dentro del vocabulario cotidiano. Por lo tanto, si lo pensamos bien, se podría decir que el estrés es el mal del siglo XXI, aunque comenzó a conformarse desde el siglo pasado a través de la implementación de horarios excesivos dentro de las oficinas y la constante exposición, a través de la publicidad, de nuestra mente a una vida a la que, en apariencia, es difícil de acceder a menos que se trabaje en exceso.

No obstante lo anterior, es importante resaltar que no todo el estrés es por completo malo. Numerosos estudios afirman que el estrés, a corto plazo, puede ser un elemento clave que nos ayuda a cumplir con nuestras metas de una manera eficaz, e incluso puede fungir como un instrumento bastante práctico para salvaguardar nuestra sobrevivencia. Sin embargo, las consecuencias de estar expuestos a largos periodos de estrés pueden llegar a ser catastróficas para nuestros cuerpos si no hacemos algo a tiempo, pues a la larga puede afectar nuestras vidas de manera irremediable. Vivir en un estado constante de tensión, hace que el cuerpo y la mente se vayan desgastando y al final terminarán por ceder.

Sé atento, sobre todo a los pequeños detalles. Es cierto que las consecuencias del estrés no son fáciles de detectar en un primer momento. Pese a esto, lo más sencillo de notar es, por ejemplo, que se han subido un par de gramos y apesar de esto es posible que un kilo pueda pasar desapercibido, por completo, si no prestamos la atención debida. En cambio, seis kilos o más en nuestro cuerpo pueden ser notados por cualquier persona que nos conozca. Siguiendo el ejemplo, el aumento de peso no es algo que ocurre de la noche a la mañana, por lo tanto, para ese entonces ya habrás notado cambios importantes en tu día a día. Probablemente te falte el aire al subir escaleras o al caminar largas distancias y esas serán las señales de que algo extraño está sucediendo con tu cuerpo. Algo parecido pasa con el estrés, los indicios pueden estar ahí, pero si no los vemos o los dejamos pasar, al final del día las consecuencias de no recibir una atención oportuna pueden ser bastante graves.

Escucha lo que te dice tu cuerpo ¿Le has prestado atención de cerca? ¡Escúchalo! Es importante fijarnos en los detalles. ¿Qué signos sobresalen y son evidentes cuando estás estresado? ¿Notas cómo el ritmo cardiaco comienza a acelerar, te sudan las manos, la zona bucal se reseca y sientes que te falta el aire? Todo esto tiene un porqué. Lo anterior se debe a la segregación e intervención de dos hormonas muy trascendentes al momento en que sentimos estresados: la adrenalina y el cortisol. La primera es una hormona y neurotransmisor que interviene en el sistema nervioso simpático, es decir, el responsable de hacernos reaccionar en situaciones de peligro o alerta y que, como consecuencia, trae incrementos en la frecuencia cardiaca y dilatación de las vías respiratorias; por otra parte, el cortisol es la hormona encargada de incrementar los niveles de azúcar en la sangre y suprimir el sistema inmunológico, así como ayudar al metabolismo de las grasas, proteínas y carbohidratos. Aunado a esto, a largo plazo, grandes cantidades de esta hormona favorece significativamente al desarrollo de problemas óseos como la osteoporosis.

En otras palabras, el estrés provoca una explosión de químicos en nuestros cuerpos, una avalancha de subidas y bajadas de las sustancias que transitan por nosotros y que no siempre son benéficas o favorables para vivir con plenitud nuestras vidas. Debido a ello debemos aprender a controlar las cosas que suceden en nuestra vida, es decir, todo aquello que entra en ella para así evitar el estrés y la energía negativa a toda costa.

Y es que a veces se piensa que el estrés puede ser algo simplemente mental, sin embargo, como ya se dijo, tiene consecuencias físicas que son totalmente perjudiciales para la salud.

La relación estrés-enfermedades está más conectada de lo que parece ser a simple vista. Según la opinión de los expertos en salud, hoy en día hay una creciente evidencia de vínculos entre un mal manejo del estrés y las enfermedades físicas. Esto quiere decir que si presentas algunos de los problemas que a continuación se mencionan, probablemente signifique que no estás manejando correctamente tus niveles de estrés y que tu salud podría estar en riesgo. Problemas como irritabilidad, ansiedad, depresión, insomnio, cansancio, dificultad para concentrarse, pérdida de memoria, angustia, falta de paciencia, entre otras. En tanto que en el aspecto físico, aparecen padecimientos como lesiones musculares, sueño no reposado, jaqueca, taquicardia, temblor, problemas gastrointestinales, aumento o descenso de presión arterial, entre otras más que cuentan dentro de la lista de consecuencias por estrés más citadas por los especialistas, todos ellos referidos a síntomas relacionados con el comportamiento o el estado mental.

El Instituto Americano del Estrés menciona que "es difícil pensar en cualquier enfermedad en la que el estrés no pueda desempeñar un papel agravante o en cualquier parte del cuerpo que no esté afectada" ¡y es verdad! Son tantas y de tan variadas formas en que el estrés ataca a nuestro cuerpo, ya sea de manera física como mental, que cada vez es más común escuchar a médicos y expertos en salud decir: "tu enfermedad se debe al estrés". Entonces ¿hay una solución para prevenir cuadros de estrés o alguna manera específica para controlarlo?

Lo primero, en todo caso, es no permitir que toda esta información también te abrume. Es necesario que conozcas de qué hablamos cuando hablamos de estrés. Es decir, debes tener claro qué es el estrés y el agotamiento mental. Por eso, a continuación te mostramos, de manera fácil y concisa, un listado con las principales formas en que el estrés afecta nuestro cuerpo y qué partes o zonas de nuestro cuerpo son las más propensas a ser afectadas:

• **Sistema inmune:** todas las hormonas liberadas cuando nos estresamos (de las que ya hablamos anteriormente) reducen la respuesta del cuerpo a los invasores exteriores. Esto quiere decir que tanto la adrenalina como el cortisol, no son precisamente aliados al momento de defender nuestro cuerpo de virus, bacterias y demás agentes dañinos que, al momento de estresarnos, penetran con mucha más facilidad en nuestro cuerpo. Psicólogos expertos recalcan que el estrés tiene una gran cantidad de efectos negativos para nuestra salud. Por ejemplo, cuando estás estresado eres más susceptible de contraer enfermedades virales. Una simple gripe o un resfriado común, así como otras infecciones usuales, pueden ocasionar daños significativos en la salud si nos encontramos agobiados durante periodos importantes de estrés. Esto ocurre del mismo modo en que nos perjudica a nuestra salud al momento de pasar de un estado resistente a otro enfermo y agotado; el estrés también puede aumentar el tiempo que toma recuperarse de una enfermedad o lesión. Es decir, una vez enfermo, si nos seguimos exponiendo a niveles altos de estrés, es muy probable que el tiempo de recuperación se alargue casi al doble.

• **Sexualidad y sistema reproductivo:** Si hay algo en lo que coinciden los expertos es que el estrés es agotador tanto para el cuerpo como para la mente. Por eso, dice el Instituto Americano del Estrés, no es raro perder el deseo sexual en momentos de mucho estrés. Si este se mantiene durante mucho tiempo, los niveles de testosterona de un hombre pueden comenzar a disminuir. Por lo tanto, esto puede interferir con la producción de esperma y causar disfunción eréctil o impotencia. El estrés crónico también puede aumentar el riesgo de infección para los órganos reproductores masculinos como la próstata y los testículos. En el caso de las mujeres, un cuadro de estrés puede afectar significativamente su ciclo menstrual. Generalmente se manifiesta en períodos irregulares, más pesados o más dolorosos. Finalmente, este tipo de estrés puede magnificar los síntomas físicos de la menopausia.

• **Sistema digestivo:** La acidez estomacal, reflujo, hinchazón o estreñimiento son algunos de los efectos a largo plazo más incómodos provocados por el estrés crónico. Además, como respuesta a esta situación el hígado produce azúcar que va a parar directamente al torrente sanguíneo. Qué hacer para aliviar los incómodos síntomas del colon irritable. Esta es otra sorprendente causa de la diabetes tipo 2, en la que quizás nunca habías pensado. Es posible que las personas sometidas durante mucho tiempo a estrés no puedan lidiar con este aumento adicional de glucosa. Esto implica un aumento del riesgo de desarrollar diabetes tipo 2. Por lo tanto, el estrés puede afectar a la digestión y a la manera en que se absorben los nutrientes en el intestino. Todo esto puede derivar en deficiencias en la salud mental, la memoria y el aprendizaje, y a una mala regulación metabólica.

• **Corazón y sistema respiratorio:** Si la persona ya tiene, de antemano, un problema respiratorio como asma o enfisema, el estrés puede dificultar aún más la respiración ya que, en situaciones de estrés, el corazón también bombea más rápido. Por su parte, las hormonas hacen que los vasos sanguíneos se contraigan y desvíen más oxígeno a los músculos, lo que aumenta la presión arterial. Como resultado, el estrés frecuente hace que el corazón trabaje demasiado durante una cantidad excesiva de tiempo. Por ello, cuando la presión arterial aumenta, también lo hace el riesgo de sufrir un derrame cerebral o un ataque al corazón.

• **Los músculos:** El estrés puede crear tensión muscular y esto puede causar dolores de cabeza, dolor de espalda y hombros y malestares corporales en general. Pero, por si fuera poco, el estrés crónico favorece a la aparición de desequilibrios del comportamiento, por ejemplo: los desórdenes alimenticios o el abuso de drogas o alcohol. Por lo tanto, podemos ver que los malestares derivados del estrés son muchos y muy variados, quizá no presentes todos o no se han desarrollado aún, pero debes tener cuidado y no permitir que las situaciones estresantes controlen tu vida.

Finalmente, aunque estos padecimientos no son TODOS los problemas que el estrés puede ocasionar a nuestra salud, sin duda, es pertinente resaltar sus síntomas y características debido a que ejemplifican la línea que éstos siguen al momento de repercutir en nuestra salud. Además, es de resaltar que no se conocen perfectamente las causas de muchos trastornos mentales, como es el caso del estrés, por lo tanto, se cree que dependen de una combinación de factores biológicos, psicológicos y sociales, como sucesos tensos, problemas familiares, enfermedades cerebrales, trastornos hereditarios o genéticos y problemas médicos.

Dado que es una enfermedad a la que se le ha prestado atención de manera reciente, su tratamiento suele encontrarse con ciertos obstáculos, por ejemplo, ya que muestra síntomas físicos se le puede tratar con medicinas de patente, pese a esto muchos doctores consideran que no se trata de un trastorno físico, sino por el contrario de uno que compete a la psicología. De este otro lado, el de la mente, se considera que también se requiere de un tratamiento que mejore los síntomas físicos. Por lo tanto, está entre dos mundos y a veces no es tan sencillo encontrar un tratamiento adecuado. Por otra parte, también está la medicina alternativa, la cual se centra más en ordenar la mente para de esta manera evitar y mejorar los síntomas físicos.

Frente a este panorama, parece que la mejor solución es la que se apegue a tus necesidades, es decir, dependiendo de tu personalidad y de cómo hayas manejado con anterioridad otras enfermedades encontrarás las respuestas en diferentes lugares. Parte de esto tiene que ver con que a pesar de formar parte del grupo de animales racionalizados y civilizados no todos somos iguales y las diferencias que guardamos nos vuelven únicos y por ello diferentes cosas funcionan con cada individuo.

Ahora bien, ¿qué lo provoca y cómo podemos evitarlo? generalmente el mayor problema al que nos enfrentamos como personas que habitamos dentro del mundo moderno es el ritmo de vida acelerado. Nunca hay tiempo para detenerse y tomar un respiro y de esto se derivan tanto el estrés como muchas otras enfermedades que antes no se presentaban. Como ya se dijo, el cuerpo comienza a experimentar aceleración del flujo sanguíneo y todo el ritmo de los órganos internos se ve alterado, por ello puede llegar a ser dañino experimentar este tipo de síntomas. ¿Hay formas de controlarlo y manejarlo?

Lo primero siempre será dejar de pensar en las cosas que no puedes cambiar o que simplemente están fuera de tu control. Ten en mente que una vez que termine tu día debes dejar ir los pendientes para retomarlos a la mañana siguiente, de lo contrario no lograrás un descanso adecuado. Por ello, tu prioridad siempre debe ser tu estabilidad emocional y física. Más adelante comentaremos algunos de los mejores consejos para lograr este cometido. Por el momento solo podemos decir que la clave para descansar correctamente durante la noche es regalarte un tiempo de calidad a ti mismo antes de entrar en la cama, con la finalidad de relajarte e incentivar el descanso.

Ahora, el desorden mental lo creamos nosotros mismos, pues nadie tiene completo acceso a nuestro cerebro. Por lo tanto, el "problema" consiste simplemente en la mal organización que le damos a nuestra ideas y pensamientos. Algunas veces nos ocupamos más del pasado (aunque no podemos modificarlo) y otras el futuro logra tomar el control de nuestras decisiones y pensamientos (a pesar de encontrarse lejos e inalcanzable). Por ello, lo importante, también, es aprender a vivir dentro del presente, ya que es aquí donde podemos mejorar nuestro entorno.

Otra parte importante del orden mental es mantener una actitud positiva. Si tratas de encontrar el lado bueno de todas las cosas, por muy retorcidas y oscuras que puedan presentarse, verás que te será más sencillo solucionar los problemas. Lo primordial es que aprendas a identificar aquellas cosas que te sobrecargan la mente y decidas, de manera consciente, alejarte de su mala influencia. Es evidente que no es para nada fácil lograr este cometido, pero se trata de que puedas identificar las personas o elementos de tu cotidianidad que llegan a provocar estrés físico y emocional. Dentro del mismo tema, también debes notar que hay actitudes o hábitos que tú has desarrollado a lo largo de tu vida, por lo tanto, también el cambio debe surgir de ti y para ti, pues tienes que comenzar desde la base.

Deja de tratar de cumplir con varias tareas al mismo tiempo, no siempre es eficaz trabajar en varios proyectos a la vez, por esto, enlista tus metas y objetivos (ya sea de trabajo o vida) y uno a uno ve tachando los elementos de tu lista, de esta manera será más fácil cumplir con todo, no dejar nada fuera y, sobre todo, evitar el estrés que se crea cuando intentas volverte *multitask*. Aunado a esto, no podemos dejar pasar por alto que las redes sociales causan demasiado ruido en nuestras vidas, con sus constantes notificaciones y pedidos de atención. Por ello también debes tratar de limitar tu tiempo y exposición al internet y todo lo que ofrece, pues no siempre es el aliado adecuado para despejar la mente.

Capítulo Dos:

Cómo definir la sobrecarga mental

A lo largo de los años, los seres humanos hemos buscado mil maneras para encontrar cierta paz mental. La búsqueda ha sido tan profunda que en numerosas ocasiones se ha creído descubierto el método infalible para llegar a ella, sin embargo, cabe cuestionarnos ¿por qué si el ideal de paz mental se ha perseguido por tanto tiempo, no hemos logrado tener una vida con más calma?

Para comenzar a responder esta pregunta, es importante considerar que la sociedad actual exige cada vez más de nosotros, el claro ejemplo es la manera en la cual recibimos información: siempre en constante actualización, lo que al final puede provocar, en muchas personas, un estrés que nubla todas las perspectivas de mejoría. Ahora bien, para comenzar a encontrar formas de mejorar nuestra mentalidad es imprescindible tener claro a qué nos referimos con caos mental.

Primeramente, es fundamental mencionar que cuando se habla de sobrecarga mental, no nos referimos a enfermedades mentales, pues ese tema no nos corresponde. En este libro, cuando se menciona la sobrecarga mental se hace referencia a las ocasiones en las que tenemos un lío de ideas y no logramos concretar ninguna, a esos momentos en la vida en los que no podemos evitar llenarnos de pensamientos negativos que pueden llevarnos a vivir con ansiedad, estrés o desencanto. De la misma forma en que nuestro cuerpo se siente agotado si no tenemos descanso suficiente, o si realizamos demasiadas actividades en un día que requieran de nuestro esfuerzo, nuestra mente también experimenta agobio cuando tiene que atender muchas tareas en un lapso reducido de tiempo. Todo lo anterior es, precisamente, aquello que conforma a la sobrecarga mental, es decir, un estado de constante ansiedad donde el cerebro no logra apagarse o entrar en relajación y, aun durante las horas de sueño, sigue funcionando horas extra con la finalidad de resolver los pendientes.

A lo largo de nuestro día pensamos, usamos la imaginación, reflexionamos, anticipamos, tomamos decisiones, hacemos análisis, realizamos observaciones, soñamos, llevamos a cabo todas esas actividades y muchas más que requieren de la intervención directa de nuestra mente, eso quiere decir que toda nuestra vida y lo que hacemos depende enteramente de ella. El hecho de que pensemos absolutamente todo el tiempo no implica, en ningún sentido, que todos los pensamientos que pasen por nuestra cabeza son buenos, positivos o útiles. Existen ocasiones en las que acumulamos una enorme cantidad de ideas que no tienen ningún fin y que son negativas, es decir, repensamos conceptos que no aportan nada a nuestras actividades o a nuestro bienestar ni nos llevan a ninguna parte y que, como resultado, acaban por sobrecargar la mente. Es importante, entonces, preguntarnos si ¿vale la pena vivir con la mente agobiada a causa de los pensamientos excesivos o de las cosas que no nos hacen sentir bien?

Ahora, para identificar si vives de esta forma, es decir, dentro de una burbuja de ideas y voces en tu cabeza, existen diferentes síntomas que dejan de manifiesto que estás padeciendo aquello que se ha definido en este libro como "sobrecarga mental". El primer síntoma es la disminución de la concentración, por ejemplo, mientras realizas una tarea importante, que puede significar mucho para ti, tu mente se encuentra pensando en diversos temas, recordando situaciones y, en consecuencia, dejas de prestar atención a lo que tienes frente a ti y cualquier distractor cobra mayor relevancia. Parece algo imposible que la mente pueda saturarse de ideas con tanta facilidad, pese a ello es un problema que surge sin que lo notemos y se presenta de manera constante en nuestro día a día.

Otro síntoma del estrés y la sobrecarga mental, que puede ser un signo de alarma, son los dolores de cabeza frecuentes e intensos, pues fisiológicamente, mantenerte en un estado de alerta y no dejar descansar al cerebro genera aceleración en el ritmo cardiaco, lo que puede llevar a incrementar la presión sanguínea en el cerebro, dando como resultado jaquecas que pueden ser desde leves hasta intensas, y que sin duda pueden interferir en todas las actividades que forman parte de nuestra vida. Los dolores de cabeza pueden venir acompañados de otros síntomas como mareos o desorientación, esto como resultado del exceso de preocupación y de pensamientos y energía negativos que se van acumulando en tu cuerpo. Aunque en ocasiones consideramos que la salud mental no es tan importante, síntomas como los anteriores, pueden hacer que nos replanteemos esas afirmaciones, pues el cuerpo manifiesta que al vivir con la sobrecarga de pensamientos también puede sentirse afectado y experimentar una crisis de salud. En algunos casos graves relacionados con la sobrecarga mental se pueden encontrar síntomas como adormecimiento de las extremidades e, incluso, pérdida del equilibrio.

Esto nos indica que no debemos dar por sentado, bajo ninguna circunstancia, que los síntomas físicos que se experimentan a causa del cansancio mental son pasajeros o normales; al contrario, es preocupante que este tipo de problema afecte también a la parte física del cuerpo y no solo a la mental. Pero debido a que llega a presentar síntomas en ambas partes del cuerpo llega a ser difícil de tratar o controlar, pues generalmente la mente y el cuerpo son dos áreas del cuerpo separadas y diferentes para el campo de la medicina.

Otros síntomas, fáciles de identificar, son el cansancio y la fatiga generalizada, es decir, la sensación de no contar con las fuerzas suficientes para realizar tus actividades cotidianas. Sufres de un continuo esfuerzo para lograr salir de la cama por las mañanas, pues sientes que las noches de sueño no son, en lo absoluto, suficientes para reponer el agotamiento que experimentas. Este cansancio también puede hacerte sentir que realizas las cosas de forma lenta y con poca eficiencia, por lo tanto, este síntoma puede venir acompañado de escozor en los ojos, sensación que se asemeja a la sensación de no haber dormido. Por esto es recomendable crear un entorno relajado en tu habitación y alrededor de tu cama. Nunca la utilices para trabajar o mirar el televisor, trata de que se convierta en una especie de templo al que llegas a descansar, de esta manera tu cerebro asocia ese espacio con el descanso, la calidez y el sueño.

Siguiendo dentro del tema de los síntomas físicos causados por la sobrecarga mental, otro de ellos, que se manifiesta de forma frecuente, es el malestar estomacal. Aunque parezca extraño, nuestra mente está íntimamente conectada con nuestro sistema digestivo, por lo que si ésta tiene un desorden notable con los pensamientos, acompañados de una tormenta de ideas negativas, es muy posible que el cuerpo lo resienta y den inicio los cólicos intestinales, dolores de estómago, náuseas, sensación de ardor, reflujo, entre otras cosas. En ese sentido, también es nuestra tarea evitar las comidas irritantes o muy grasosas, pues de esta manera ayudamos al estómago a digerir mejor los alimentos y no lo dañamos con comida que, a pesar de su buen sabor, no aporta ningún beneficio a nuestra salud.

Por otra parte, los síntomas de la sobrecarga mental son fáciles de identificar en el ámbito emocional, uno de ellos es la irritabilidad constante y, de manera común, este síntoma es más evidente para la gente cercana, puesto que podrías descargar en ellos la sensación de desesperación o confusión. El enojo que se produce a causa de sentir la mente llena de pensamientos confusos puede ser tan intenso que el estado de irritabilidad te puede llevar a alejarte de personas que se interesan por ti. Por esto, debes tratar siempre de mantenerte en calma, tratar de encontrar la fuente de este cúmulo de pensamientos y así comenzar a limpiar y ordenar tu mente de tal manera que no presentes estados de crisis o tensión que terminan por lastimar a tu familia.

Otro de los síntomas, relacionado con las emociones, que se manifiesta en mentes sobrecargadas es la apatía, esto se debe a que la mente se encuentra tan agotada y sumergida de manera profunda en pensamientos negativos que deja de apreciar los pequeños placeres que la vida nos obsequia. Es posible que en determinado momento llegues a estar inmerso por completo en la apatía y aquello que tiempo atrás te ilusionaba ahora ya no te saca el mínimo entusiasmo. De esta forma, dejas de ver las cosas con buenos ojos para concentrarte solamente en lo negativo de las situaciones. Combatir este sentimientos de vacío y desgano es una de las tareas más complicada que se le pueden presentar a una persona, pero recuerda que no todo está perdido y que a pesar de lo complejo y difícil que se muestra el panorama siempre hay una solución o, incluso, un abanico de soluciones. Solo tienes que dejar de centrarte en la negatividad y comenzar a pensar positivo para de esta manera resolver lo que se te presente.

Otro síntoma externo que surge como consecuencia de tener una mente sobrecargada es que esto se vea reflejado en tu desempeño escolar o de trabajo, o bien, en cualquier actividad que realices. Como se puede ver, todos los síntomas mencionados pondrán de su parte para generar poca productividad, problemas para manejar todas las tareas que exige el sistema laboral o escolar, así como desgano por hacerlas. Así que, si te identificas con varios de estos síntomas es importante que sigas leyendo, pues así entenderás qué sucede con tu cuerpo y mente y empezarás a encontrar formas para liberarte de la carga mental. Es evidente que aquellos consejos que te proporcionemos no surtirán efecto por arte de magia, por lo tanto, debes poner todo de tu parte para trabajar en la mejoría de ti mismo y de esta manera podrás ver avances significativos. Finalmente, eres tú quien tiene todas las herramientas y capacidades para liberarte del estrés y la sobrecarga emocional y mental.

Uno de los aspectos más importantes que deben quedar claros son las causas de la sobrecarga mental, puesto que si las identificamos adecuadamente podremos encontrar las razones por las que nos hallamos en esta situación. Una de las primeras razones por las cuales la mente se satura de pensamientos es nuestra propia exigencia de perfección en las actividades que vamos a realizar, esto se incrementa si la tarea que debemos hacer es significativa para nosotros, por ejemplo, un ensayo para acreditar en la escuela, un informe para presentar tu productividad en el trabajo, la preparación de una cena increíble para impresionar a tus visitas, o bien, la organización de la fiesta de cumpleaños para tus hijos, etcétera. Cualquiera de estos escenarios son relevantes dentro de la vida de una persona, por ello buscan que todo salga perfecto y a menudo eso los lleva también a querer tener todo bajo control, queriendo dominar cada imprevisto que pueda presentarse.

Frente a este tipo de escenarios, resulta importante que aprendas a controlar tu impulso de manejar y controlar todo lo que acontece. Por ello, delegar tareas es una parte importante de tu vida que debes aprender a desarrollar al máximo. Una vez que te conviertes en la persona que dirige a un equipo de individuos para que en conjunto lleven a cabo una tarea en específico significará que te has convertido en un líder y cualquier cosa que te propongas la lograrás de inmediato. Ahora bien, es posible que a pesar de que ahora seas quien está al mando de algo, sigan intentando hacer las tareas de los demás o queriendo que todo sea perfecto. Date cuenta que parte de la vida es cometer errores, hacer cosas que no siempre suceden como queríamos y, en pocas palabras, nada ni nadie es perfecto, pues es ahí donde radica la belleza de la vida. Aprende a aceptarte con errores y virtudes y, también, acepta esas características en los que te rodean.

Otro factor que influye enormemente en la acumulación de pensamientos es el tiempo del que disponemos para realizar una actividad importante, imagina que tienes que organizar un evento al que asistirá un gran número de personas y cuentas tan sólo con un par de días, tu mente va a querer considerar todos los aspectos de una sola vez, es decir: contratar banquete, buscar el mobiliario, rentar el lugar, mandar invitaciones, pagar músicos, elegir vestuario, contratar meseros, buscar sonido adecuado, controlar el presupuesto del que dispones, además, si sumado a eso tienes que rendir cuentas a alguien sobre dicho evento, la cantidad de información que tu cerebro va a querer manejar se multiplica. Lo mismo sucede cuando tienes poco tiempo para entregar un proyecto del trabajo o la escuela y debes ocuparte de diferentes aspectos para que todo quede perfecto. Como verás, el tiempo influye mucho en la capacidad de la mente para sobrecargarse. Pese a esto, no hay una fórmula mágica para evitar entrar en ese estado de alteración mental, simplemente cada persona es diferente y, por consiguiente, distintas cosas funcionan para despejar la mente.

Por supuesto, no podemos negar que un factor que influye enormemente en la acumulación de pensamientos negativos es el entorno en donde nos desempeñamos, desde el mobiliario, la iluminación, la ventilación, los ruidos que lo rodean, las personas con las que trabajamos o estudiamos, simplemente aquellos con los que convivimos gran parte del tiempo. Veamos un ejemplo, si pasas la mayor parte de tu día en un lugar con ruidos de muchos tipos y estos te rodean, a esto sumamos las tareas que tienes pendientes, más una mala relación con algún compañero que pueda causarte estrés y, aunado a esto, el lugar en el que te encuentras tiene muy mala ventilación, dando la sensación de encierro, lo más seguro es que al final del día todo se habrá conjugado para lograr que tu mente se sobrecargue de pensamientos. Sin duda el estrés y el acumulamiento de ideas innecesarias es un mal del siglo XXI e, incluso, desde el siglo pasado comenzaron a aparecer este tipo de problemas, sobre todo con los individuos que trabajan en entornos de oficina donde pasan mucho tiempo de su día encerrados entre cuatro paredes trabajando frente a un ordenador.

Otros de los factores que influye de forma marcada en el fomento de la sobrecarga mental es la poca actividad física que una persona tiene dentro del ambiente de oficina. Generalmente, permanece sentada gran parte de su día y su única actividad corporal consiste, solamente, en cubrir los trayectos entre su casa y su espacio de trabajo. Es evidente que una persona que lleva este ritmo de vida es más propensa a sentirse sobrecargada mentalmente puesto que no se regala espacios para reflexionar más allá de sus labores, así como para poder apreciar las cosas positivas que pudieran presentarse a su alrededor. La poca actividad física, en conjunto con características propias de cada persona como tendencia a la negatividad, aprehensión, rasgos controladores, suelen crear un combo perfecto que puede llenar la mente de pensamientos inservibles.

Conforme vamos viendo, los pensamientos son de suma importancia en todos los sentidos, influyen de manera íntegra en aquello que pretendemos lograr, en lo que ya hacemos, en nuestro estado de ánimo e incluso en nuestra salud. Los pensamientos e ideas son los que nos distinguen como seres racionales del resto de los seres vivos, pero como hemos dicho anteriormente, existen aquellos que dirigen enteramente nuestras capacidades, nuestro entorno, objetivos, posibilidades y que van acompañados del raciocinio; pero claramente, existen muchos otros que se concentran en lo negativo de las situaciones, que agrandan los obstáculos al grado de hacerlos parecer imposibles de superar y, como resultado, impiden que tomemos decisiones objetivas, además de que contribuyen a alimentar nuestras inseguridades. Por lo tanto, todos ellos se acumulan en nuestra mente causando que nos sea difícil ver las cosas con claridad y que no logremos todos nuestros objetivos.

Nuestro día a día es un continuo conflicto entre las buenas ideas y las malas o negativas. Por esto, pareciera que esta batalla tiene la capacidad de determinar, en gran medida, la calidad que tendrá nuestra jornada. Cada pensamiento que cruce nuestra mente será una influencia para que nuestro día avance en la dirección correcta, por lo tanto, es preciso que nos mantengamos atentos siempre a nuestras ideas ya que si son negativas al final del día nos alcanzará la sobrecarga mental y nos veremos impedidos para ser eficientes y productivos. ¿Cómo lograr enfocarnos en lo positivo? Si tu caso es el que hemos descrito en los párrafos anteriores, es decir, pasas la mayor parte de tu tiempo dentro de un espacio reducido en la oficina lo que debes hacer es priorizar tus momentos de esparcimiento. Estos deben consistir en levantarte de tu lugar, salir a tomar el aire a la calle, el balcón o la azotea con la finalidad de despejar tu mente y cuerpo y así, cuando regreses a tu puesto de trabajo puedas continuar con tu labor de manera adecuada y eficiente. Ahora, darte "un respiro" no tiene que ser media hora o mucho tiempo, basta con que te tomes cinco minutos cada determinado tiempo y una vez que comiences con esta rutina notarás la diferencia.

Los pensamientos negativos se pueden identificar porque en cuanto aparecen en nuestra mente comienzan a drenar energía, nos causan fatiga y desencanto, no nos aportan nada; en cambio, nos restan seguridad, son pensamientos en ocasiones tóxicos que no nos permiten ver todas las perspectivas de las situaciones, nos hacen sentir lentos mentalmente y sobrecargan nuestras ideas con banalidades que pueden llegar a bloquear mente y cuerpo. Estos pensamientos obstruyen toda la creatividad del cerebro e impide que aprendamos cosas nuevas, además, evitan que comprendamos en su totalidad las situaciones que se nos presentan en el día a día. Por ello, muchas veces nos parece difícil disfrutar de las cosas pequeñas que nos ofrece la realidad, ya sea una breve caminata con tu mascota, una comida en familia, una canción que nos trae felicidad de inmediato, pasar tiempo haciendo una actividad que amas, etcétera.

Es por esto que cuando nos sobrecargamos mentalmente experimentamos un profundo agotamiento y presentamos los síntomas mencionados con anterioridad, cuando esto sucede la mente se fatiga y somos incapaces de racionalizar las cosas para buscar soluciones, comenzamos a ver el mundo de forma distorsionada y no logramos entender lo que nos rodea. Esto, a su vez, nos puede llevar a caer en conductas tóxicas como consumo de sustancias y cualquier clase de actitudes destructivas que se traducen en intentos por desviar nuestra mente de estas ideas abrumadoras. Lo recomendable en estos casos es que redirecciones tus necesidades y en vez de utilizar como válvula de escape alguna adicción debes encontrar alguna actividad que te haga sentir plenitud, gratitud y equilibrio físico y emocional. Finalmente de lo que se trata es de encontrar algo que te pueda mantener anclado a la realidad y, al mismo tiempo, en paz.

Algunos de los pensamientos que con facilidad pueden convertirse en negativos tienen que ver con la autocrítica, una que lejos de mostrarnos lo que podemos mejorar, se enfoca en juzgar con dureza y culparnos constantemente por errores que pudieron haber sucedido hace mucho tiempo o que no fueron tan graves como nosotros los percibimos. En lugar de aceptar y buscar mejorar nuestros defectos, los empleamos para herirnos y hacernos sentir menos que los demás. La autocrítica nos puede llevar a victimizarnos y a sentir lástima por nosotros mismos y mermar nuestra seguridad al grado de sentirnos invalidados en todos los sentidos e incapaces de enfrentar cualquier infortunio. En este sentido, lo mejor es aprender a transformar la energía negativa en positiva, nunca es fácil, pero debes enfocarte en seguir adelante en lugar de culparte por las cosas que no puedes cambiar o que no te corresponde modificar. Comienza por hacer pequeños cambios en tu vida y poco a poco notarás los grandes cambios que más tarde debes transformar en hábitos.

Por otra parte, otros pensamientos que nos pueden poner una zancadilla a la hora de analizar las cosas, es suponer demasiado, es decir, tratar de anticiparse a cualquier situación y creer que lo que suponemos es lo correcto o, incluso, conjeturar distintas cosas sobre determinada situación. Como puedes notar, este tipo de pensamientos te puede agotar física y mentalmente puesto que inviertes tiempo en imaginar escenarios que, es probable, no sucederán de la manera en que lo imaginaste. Es imposible adivinar lo que va a suceder en el futuro cercano, pero invertir tiempo en suponer cómo será, tampoco ayuda a que las cosas sean como las planeamos a futuro. Por ello es importante que vivas dentro del presente, por y para él. Nunca dejes que los lazos con el pasado no te te permitan avanzar y, por su parte, deja que el futuro aparezca cuando sea su turno, pues de lo contrario vivirás añorando algo que nunca llegará y lo único que lograrás, al final del camino, es agotarte por completo. Por lo tanto, recuerda que puede ser profundamente negativo concentrarte mucho en el pasado, ya sea para darle un valor excesivo, creyendo que fue mejor que el presente o para torturarte por lo que hiciste o no, mucha energía se puede perder si nos pasas el tiempo suponiendo qué habría pasado si hubieras hecho determinada cosa. Finalmente, lo que queda es aceptar el presente como es y el pasado como aprendizaje.

Es evidente que todos los pensamientos están relacionados con la capacidad que tenemos para crear interacción con otros seres humanos, ya sea gente cercana como familiares o amigos, o personas de nuestro entorno como compañeros de trabajo o escuela, vecinos, personas que nos prestan servicios, entre otras. Las formas en las que influyen los pensamientos en nuestras relaciones personales son muy variadas, podemos portarnos de forma grosera, ser hirientes, tener actitudes déspotas y estar irritables, todo ello nos puede llevar a perder la oportunidad de convivir de forma sana con otros individuos. Al mismo tiempo, al ser rechazados por nuestra manera de interactuar con los otros, nos sentimos aislados y eso incrementa lo que conocemos como sobrecarga mental, pues nos dedicamos a suponer las razones por las cuales nos sentimos así, por las que la gente se aleja y, en ocasiones, como ya se dijo, nos empeñamos en castigarnos por cosas que, a veces, no son nuestra culpa.

Es cierto que debes tomar la responsabilidad por cada una de tus acciones, pero no olvides que ser responsable tampoco implica que te autoflageles todo el tiempo. Más bien, si eres consciente de que has sido mala persona con alguien, puedes pedir disculpas o hacer otra acción positiva que pueda resarcir el daño que hayas podido infligir. De esta manera estarás cambiando tu forma de pensar y al mismo tiempo lograrás transformar la energía negativa en positiva. Lo importante, aquí, es que al final podrás sentirte mejor contigo mismo, con tu entorno y con los que te rodean.

De la misma forma en que nuestro cuerpo se agota cuando no obtiene descanso, cuando no lo alimentamos bien o simplemente no lo cuidamos debidamente, así, en paralelo, la mente requiere de cuidados adecuados y el principal debería ser evitar, a toda costa, los pensamientos negativos. Así como esas ideas tóxicas tienen repercusiones en nuestra vida, las positivas pueden demostrarnos lo contrario, logrando que crezcamos en todos los aspectos, colmando nuestras vidas de emociones positivas, optimismo, impulso para lograr nuestras metas. Es así como al tener la intención de hacer las cosas de mejor manera, permite que podamos ver las opciones que ofrece la vida, ver todos los ángulos de una situación y racionalmente elegir el camino que mejor nos convenga. Esto nos da la facultad de organizar mejor nuestros tiempos, de elegir nuestras prioridades y trabajar en torno a ellas sin saturarnos de emociones negativas, sino siempre con la actitud adecuada para lograr lo que nos proponemos.

Los pensamientos positivos tienen el poder de hacerte más sociable, si te lo propones. También, pueden ayudarte a ver a las personas que te rodean con el valor que merecen, además, contribuyen a hacerte sentir incluido dentro de tu entorno social y facilitan la comunicación con otras personas, puesto que tu mente comienza a escuchar objetivamente las opiniones ajenas, sin caer en hipersensibilidad. De esta manera aprovechas las críticas constructivas que los otros aportan y tienes la oportunidad para aprender de ellas. Por esto, nunca dejes pasar por alto los comentarios que quienes te rodean, familia o amigos, te dan, pues pueden servir de mucho para que te conviertas en una persona fuerte y centrada. Pero, a pesar de esto, debes tener cuidado ya que si aún no estás listo para recibir este tipo de palabras respecto a tu persona, puedes terminar con los sentimientos heridos y con un mal sabor de boca. Por lo tanto, lo recomendable es que primero trabajes en la autoaceptación y una vez que te ames tal y como eres podrás recibir cualquier tipo de comentario sin que lo tomes muy a pecho o demasiado personal como para provocar un disgusto con otra persona.

Como verás, los pensamientos tienen un peso importante en nuestro día a día, pueden nutrirnos de fuerza y llenarnos de ilusión sobre el presente y el futuro o bien, pueden hundirnos en un remolino de ideas que no nos llevan a ningún lugar, en ello radica la importancia de cuidar nuestros pensamientos y evitar a toda costa sobrecargar nuestra mente. Aprende a centrarte en una idea, sin querer abarcar todo. También, acepta que habrá críticas a tu trabajo o vida y que aquellas no te tienen que definir. Finalmente, date cuenta de que tienes toda la capacidad de convertir la energía negativa en positiva, es decir, los pensamientos que te estén aquejando pueden ser los que te impulsen a seguir adelante y alcanzar todos tus objetivos. Pues siempre se va a tratar del cristal con el que elijas mirar tu realidad.

Por ello, deja de establecer tu mente en un pasado que ya no te está permitido modificar y permite que el presente sea la hoja en blanco sobre la que vas a comenzar a escribir o dibujar el borrador de tu futuro. Pero tampoco permitas que el futuro te robe el sueño y la tranquilidad. Recuerda que la base de todo consiste en mantener un equilibrio y el presente es ese lugar en donde puedes mantener nivelada tu vida, tu trabajo, tus relaciones, tus amistades, tu familia y todo aquello que forma parte de ti y de tu personalidad. Respira el presente, disfruta cada momento de este estado y no permitas que nada ni nadie tenga el poder de arrebatarme de las manos la felicidad. No importa si en el pasado cometiste errores, el presente es el tiempo para disfrutar y, en todo caso, mejorar tu vida para crear un futuro en equilibrio con el Universo.

Capítulo Tres:

Cómo sobrecargamos nuestras mentes, herramientas para evitar el estrés

Es un día normal, parecido a cualquier otro. Te levantas por la mañana e inmediatamente revisas las redes sociales: Facebook e Instagram te muestran formas inalcanzables sobre cómo vivir tu vida; en Twitter, la diversidad de ideas, opiniones y puntos de vista te abruma. Enciendes el televisor esperando olvidarte de ello y un cúmulo de noticias negativas te dan los buenos días. Política, economía, inseguridad, nada parece ir bien. De camino a tu trabajo el interminable tráfico te absorbe. Una vez que llegas a tu empleo, te sientas frente al ordenador y revisas el e-mail con TODOS los pendientes del día anterior. Para medio día las labores por realizar se han multiplicado.

La vida contemporánea exige mucho de nosotros como individuos y no siempre es fácil llevar el ritmo. El cuerpo se desgasta en el trabajo pero también en la intimidad de nuestros hogares al siempre estar pendientes de las notificaciones, de lo nuevo que ha aparecido en las redes sociales o en las páginas de internet que seguimos para estar el día con las noticias del mundo. La globalización implicó un avance en nuestra sociedad ya que nos conectó con países y personas que están a miles de kilómetros de nosotros, pero también agregaron a nuestra cotidianidad problemas que antes no estaban o que no nos afectaban como sociedad. Es decir, hoy en día, lo que sucede del otro lado del planeta llega a tener repercusiones en nuestra vida.

La sobrecarga mental inicia en el trabajo, pues se exige mucho a una persona para que realice las tareas designadas y se le ofrece un periodo corto de tiempo para llevar a cabo sus pendientes, además de que las herramientas que se les proporciona no siempre son las más eficientes. A su vez, también existen individuos que sienten la carga excesiva cuando no tienen trabajo, es decir, hay momentos de su jornada laboral en los que se quedan sin tareas por realizar y esto también les provoca un estado de ansiedad. Por lo tanto, la sobrecarga mental, acompañada de ansiedad puede venir desde dos vías: trabajo excesivo o pocas obligaciones laborales.

En ambos casos la persona comienza a experimentar lo que se conoce como fatiga mental y el resultado más evidente es que falla en algunos aspectos de su trabajo, pues no alcanza a concentrarse de manera adecuada en sus actividades. Si esto traspasa el ámbito laboral y llega al ambiente personal puede traducirse en falta de cuidado personal, poca atención en la correcta ingesta de alimentos o, a veces, en la higiene personal. Por eso, lo ideal es que mantengas a tu mente activa, no dejándola divagar en su totalidad. Esto no quiere decir que "trabajes" todo el tiempo y que te llenes de proyectos sin cesar, el contrario, de lo que se trata es de organizar tu tiempo de tal manera que también dediques un espacio para el ocio. Puede parecer disparatado que te tomes un tiempo para no hacer nada, pero de esta manera tu cuerpo y mente logran relajarse y se les permite recargar energía.

Estamos acostumbrados a que el término "ocio" sea considerado una actividad mala o poco favorable para la vida del ser humano, pese a ello, debes saber que tu mente necesita, forzosamente tomarse un respiro. Un momento de ocio puede implicar diversas cosas, desde literalmente recostarse y dejar el tiempo pasar, hasta dedicar esos minutos a desarrollar un hobbie, una actividad creativa, tocar un instrumento, escribir, pintar y una cantidad infinita de cosas. Toma en cuenta que debe ser una actividad que traiga calma a tu vida, no algo que al final termine agregando más estrés a tu mente y cuerpo. En ese sentido, a veces el ejercicio ayuda a la relajación, pues se trata de una actividad que requiere concentración por parte de la mente (en ese momento dejas de pensar en la serie de pendientes que tiene en tu espalda y logras concentrarte en esa única actividad) y el cuerpo (tu cerebro se concentra en mandar las señales correctas para correr, nadar, saltar la cuerda, etcétera).

A continuación enumeramos algunos factores que te ayudan a combatir o sobrellevar la sobrecarga mental de manera adecuada. Lo primero es tener un nivel elevado autoestima, esto hará que por muy complicado que sea el trabajo que desarrollas o el problema que se ha presentado frente a ti tengas la capacidad de dar un paso atrás y observar con toda la calma las posibles soluciones, sin que esto te afecte creando sobrecarga mental. Lo segundo es la motivación, si te despiertas todas las mañanas con la actitud adecuada, es decir, llena de energía positiva serás capaz de cumplir tus objetivos. No hay nada mejor que motivarse de forma personal a seguir adelante.

Lo siguientes es la satisfacción laboral, esta a veces es difícil de conseguir, sobre todo si nos encontramos realizando una actividad que no nos gusta o conseguimos un trabajo porque nos urgía el sueldo y no porque realmente sea lo que amamos hacer. Por lo tanto, si estás en el trabajo de tus sueños y cada día haces lo que te gusta no debes preocuparte, sigue disfrutando de lo que haces y si en determinado momento llega una actividad estresante podrás lidiar con ella de la mejor manera y siempre preservando la energía positiva. En cambio, si te encuentras laborando por necesidad y no sientes satisfacción en tu día de trabajo, siempre intenta buscar el lado positivo. Por muy malo que parezca, si lo analizas con cuidado, podrás ver que habrá momentos en los que aquello que haces, te da satisfacción. Además, si en definitiva odias tu trabajo recuerda que siempre tienes la oportunidad de reorganizar tu vida y replantearte qué es lo que quieres y hacia dónde te quieres dirigir. Cambiar de empleo puede ser una opción maravillosa para que comiences de verdad, a disfrutar la vida como debe ser. Esto no quiere decir que vas a dejar todo botado, a la espera de que algo mejor aparezca, pero si te organizas adecuadamente podrás buscar, poco a poco, un empleo que se ajuste a tus necesidade económicas y energéticas. Nunca te des por vencido y si no eres feliz con lo que haces recuerda que el mundo siempre nos ofrece un abanico de posibilidades, somos nosotros los que decidimos si las tomamos o no.

Otro punto que ayuda a lidiar de manera adecuada con la sobrecarga mental es desarrollar habilidades y competencias que te ayuden en el desempeño de funciones y tareas, tanto del trabajo como de la vida personal. Centrarte en realizar bien ciertos aspectos de tu día a día ayuda a que tengas mejor rendimiento, laboral, escolar, familiar y social en general. Además, estarás dedicando tiempo a la mejora de una parte importante de ti, como lo es aprender nuevas cosas que en el futuro pueden servirte. No olvides que si no mejoras tus conocimientos te será más difícil seguir adelante, además, aprender algo nuevo también puede ser algo gratificante y que mantendrá ocupada tu mente el tiempo suficiente para no permitir que las ideas y los pendientes se acululen en tu mente.

Aunado a esto, recuerda que la tolerancia debe ser uno de tus puntos fuertes. Pues las cosas no siempre salen como uno las planea y, en ese sentido, debes ser capaz de aceptar las situaciones como son y aprender de ellas. Ahora, todo esto dentro del ámbito laboral se puede traducir en un momento en el que a pesar de que te has esforzado demasiado para lograr tus objetivos, de alguna manera no recibes el reconocimiento adecuado. Es normal que nuestro trabajo o desempeño no cumpla las expectativas de los individuos con los que compartimos espacio de trabajo, pero lo que debes hacer es continuar trabajando duro y aprender a tolerar, esa es la clave (De Alba).

Hasta ahora se ha hablado de la sobrecarga mental de manera general, pero debes saber que hay dos fuentes principales que la alimentan: primero están los problemas o asuntos personales, que solo competen a ti y tu entorno familiar y social. Pero la manera de solucionarlos, siempre debe venir de ti, pues eres tú quien tiene el control total de tu vida y lo que sucede con ella. En segundo lugar están los problemas que surgen dentro del entorno laboral, aquí es posible que sean estos los que aparentan tener más intensidad y que, en determinado momento, se presentan como "imposibles" de solucionar. Por esto nunca olvides bajar la velocidad de tu ritmo de trabajo, es verdad que debes cumplir con una serie de tareas a lo largo del día, pero no coloques presión o carga extra a ello. Algunas veces tener una lista de objetivos a cumplir o un calendario ayuda a mantener el orden y a terminar, una a una, las actividades laborales. Una vez que cumplas con una tarea debes revisar que todo esté correcto, pues a veces la presión o el mismo cansancio nos puede hacer cometer errores imperceptibles pero que no son permisibles. De esta manera te evitarás realizar la misma tarea dos veces o más.

Recuerda que las pausas y descansos son cruciales para mantener el entorno laboral en un estado sano. Nunca des por sentado que tu cuerpo soportará pasar largas horas trabajando de forma continua. Ya lo hemos mencionado, pero tomar de vez en cuando cinco minutos para salir a respirar aire fresco hará que tu cuerpo y mente trabajen mejor y por más tiempo. Pero el trabajo del descanso no solo debe ser dentro de las horas de trabajo, también debes tener una buena organización respecto a las horas de sueño.

No olvides la importancia de un sueño reparador, pues de esta manera tu rendimiento será el adecuado.

La sobrecarga de ideas ocurre, comúnmente, porque no sabemos diferenciar entre los pensamientos positivos y negativos. Poseemos la tendencia a creer que por tratarse de ideas todas son buenas para nuestra mente, sin embargo, es todo lo opuesto. Muchos de los pensamientos que atraviesan nuestros cerebros son dañinos si no sabemos manejarlos y modificarlos para que funcionen a nuestro favor. Por lo tanto, los pensamientos y energías negativas son aquellas que drenan nuestro buen estado físico y las que cargan a la mente de negatividad. Además, impiden que desarrollemos la creatividad, el aprendizaje y en entendimiento adecuado del mundo y la realidad. Este tipo de pensamientos no solo sobrecargan la mente, también pueden bloquearla y no permitirnos llevar a cabo ninguna actividad.

¿Qué puedes hacer para evitar que los pensamientos negativos entren en tu mente? LO correcto es llevar a cabo un autoanálisis para encontrar aquellas deficiencias que existan en los diferentes campos de tu vida, sin embargo, cuando esto se transforma en autocrítica constante puede convertirse, con facilidad, en una actividad que en vez de ofrecer beneficios termina por hacerte sentir que has perdido el valor. Recuerda que nadie es perfecto y te es permitido cometer equivocaciones. Derivado de esto, puedes comenzar a sentirte como la víctima todo el tiempo, ya sea de ti mismo, las circunstancias u otros individuos. Adoptar este tipo de actitud no te ayuda en lo más mínimo, pues de alguna forma te estancas en aquello que te hace sentir mal y no logras avanzar con actitud positiva.

Otro caso son las suposiciones, éstas nos llevan a vivir en un constante estado que mira hacia el futuro, hacia aquello que aún no llega pero podría pasar y dejamos de aprovechar y sacarle ventaja a las cosas del presente. Es evidente que no es para nada malo tener un plan de vida, pensar en las cosas que podemos hacer en el futuro y querer alcanzar ciertas metas, sin embargo, pensar todo el tiempo en lo que vamos a realizar no es lo adecuado, pues el futuro lo vamos construyendo en el presente, esa es su base. Por otra parte, vivir pensando en el "hubiera" tampoco es lo recomendable. Regresar al pasado de manera constante, algunas veces, es más desgastante que otro actividad física que podemos hacer. Por lo tanto, lo que debes hacer es aprender a disfrutar de tu presente ya que es lo único que puedes controlar, lo pasado ya no puede ser modificado y el futuro apenas está por llegar y solo puedes trabajar en él cuando se convierta en tu presente.

Recuerda que es bueno no cargar con nada y dejar salir nuestras ideas para liberarnos, pero no se trata de decir y hacer todas las cosas sin meditarlo un poco. En ese sentido, una vez que aprendas a ordenar las ideas de tu mente podrás desenvolverte de mejor forma sin caer en un estado de ansiedad o depresión. Una mente relajada puede obtenerse cuando aprendes a no controlar todo lo que te rodea, por mínimo que sea. No siempre nos corresponde ayudar a todos o arreglar los problemas que se nos ponen enfrente, pues algunas veces ni siquiera se trata de nuestros propios problemas.

Ahora bien, una vez que has decidido dejar de cargar con los problemas que no te pertenecen y, al mismo tiempo, aprender a manejar aquellos que corresponden a tu vida, debes aprender a pensar de manera positiva. No es una tarea sencilla, pues a veces se requiere cambiar por completo la perspectiva que tenemos de la realidad, sin embargo, podrás ver que aparecerán cambios maravillosos en tu vida. Lo primero es que comiences a visualizarte a ti mismo como una persona exitosa, llena de carisma y energía positiva. Para esto siempre funciona que te mires al espejo y dediques unas palabras de aliento para tu persona. No tengas miedo de hablar directamente contigo, mirándote a los ojos. Llena tu ambiente de aromas agradables, a veces funciona el incienso o las velas, pero lo recomendable son los olores de la naturaleza y nada mejor que unas flores para darle ese ambiente adecuado a tu hogar e incluso a tu lugar de trabajo.

Otra manera de mantener en práctica el pensamiento positivo es realizar algún ejercicio al aire libre. Esto te llenará por completo de energía y en caso de que tengas algún suceso que aún no puedes superar, verás que al entrar en contacto con la naturaleza te será más fácil liberarlo. Otra manera para liberarte es que practiques pequeñas excursiones dentro de tu ciudad y dentro de tu vida cotidiana. Generalmente vas al trabajo en tu automóvil, dentro de la burbuja de seguridad de tu vehículo, sin embargo debes aventurarte y quizá un día tomar el autobús, tomar una ruta diferente o tal vez decidas despertar más temprano y caminar al trabajo, de esta manera llegarás recargado de energía. El ritmo de vida de los humanos varía dependiendo de los medios de transporte que utilice y tú tienes el poder de elección. También, sería divertido llegar al trabajo en bicicleta o incluso usando patines. De lo que se trata es de ir dando variedad a tu día a día y no caer en una aburrida rutina. Recuerda, la clave de tu éxito como persona feliz es dar variedad a tu vida y disfrutar cada momento.

La comunicación es un factor de suma importancia para que las relaciones estén en completo equilibrio. Si se trata del ámbito familiar la mejor manera de solucionar un conflicto es hablando sobre él. Sabemos que es verdad que los miembros de la familia suelen no entendernos por completo y crear un diálogo en ellos no es nada fácil, sin embargo, no te des por vencido, recuerda que se trata de tu familia y que al final del día, aunque sus ideas no coincidan del todo, siempre buscarán lo mejor para ti. En el caso de los amigos es más fácil decir las cosas, una de las características de la amistad es la confianza, por ello el diálogo puede presentarse con más facilidad. Ahora, en el ámbito laboral, no siempre resulta sencillo llevar a cabo una comunicación adecuada, pues cada uno de tus compañeros de trabajo posee diferentes intereses, creencias, formas de vida, etcétera, sin embargo, es ahí donde trabajar en equipo es la principal característica.

A pesar de esto, debes saber, también, que hay familiares, amigos y compañeros de trabajo tóxicos para tu vida. Existen personas que simplemente absorben tu energía positiva y la suplen con negatividad. Por ello, lo primero es aprender a identificar a este tipo de individuos. Ten en cuenta que no por el simple hecho de ser tus amigos más cercanos o miembros de tu familia no poseen estas características. Por lo tanto, si ya has visto que algunas de las personas con las que convives no aportan la energía adecuada a tu vida debes cortar la relación con ellos. Es evidente que en el caso de los familiares resulta una tarea más compleja, pero en este caso puedes limitar tus encuentros con esta persona a lo más mínimo y realmente necesario.

Recuerda siempre que la prioridad eres tú y tu vida. Los demás son elementos que te apoyan durante su camino, pero que no determinan, de ninguna manera, el rumbo que vas a tomar, pues eres tú, finalmente quien sujeta las riendas y decide hacia dónde dirigirse. Aprende a guiar tu vida de la manera que sea adecuada para ti, sin importar si cabe dentro de los esquemas de los demás miembros de la sociedad. Mantener tu mente despejada debe ser tu prioridad ya que recuerda que aquello que afecte tu cerebro termina por verse reflejado en tu cuerpo.

Capítulo Cuatro:

Métodos para liberar tu mente

Como vimos anteriormente, el estrés puede tener consecuencias terribles en todos los aspectos de tu vida y si a ello le sumamos la sobrecarga de pensamientos, con todo lo que conlleva, es muy probable que en determinado momento estemos frente a una situación peligrosa para nuestra salud. Sin embargo, a lo largo de este capítulo te daremos algunos métodos sencillos, pero muy eficaces, para controlar el estrés y que te ayudarán a liberar tu mente de pensamientos negativos.

Una de las formas que puede cambiar de manera radical nuestra forma de ver los inconvenientes que se presentan en el día a día es reconocer que existen cosas que no se pueden cambiar. Esto parece fácil, pero puede resultar complicado si eres una persona aprensiva que busca controlar todos los aspectos de su vida, por esto, puedes probar con un ejercicio simple a la vez, por ejemplo, si sabes que tienes que enfrentarte al tráfico de las horas pico todos los días, trata de buscar algo que te guste escuchar y reprodúcelo, puede ser un espacio ideal para aprender cosas nuevas escuchando un audiolibro, puedes relajarte escuchando el álbum de tu artista preferido, puedes buscar música para meditar y ponerla mientras conduces. Este truco, al principio, puede resultar extraño, pero es importante que elijas algo que vayas a disfrutar, para que de esa forma encuentres placer en el tráfico en lugar de torturarte con la sensación de ansiedad que provoca tener tiempo muerto. De esta forma, aceptarás que no puedes cambiar el hecho que tener que conducir en las horas pico, pero sí cambiará la forma en que lo percibes.

Otra forma que puede resultar sumamente efectiva para evitar el estrés es buscar alejarse de las situaciones que tienen la capacidad de saturar tu mente, esto no quiere decir que renuncies a tu trabajo o te alejes, por completo, de familiares y amigos; más bien, si percibes que una situación puede empezar a causar angustia o estrés, lo adecuado es que salgas a tomar un poco de aire fresco, reflexiones las cosas con calma y, entonces, enfrentes la situación pero en un estado de total calma y equilibrio. Este consejo está completamente influido por tu conocimiento interno, es decir, con la manera en la que identificas cuando algo te está causando estrés y eso es parte fundamental para evitarlo. El secreto, por lo tanto, es conocerte a ti mismo, saber cuáles son los gatillos que te hacen reaccionar de manera agresiva o que pueden alterarte, así como cuáles son las cosas que te hacen sentir bien y que te relajan.

Por otra parte, no podemos dejar de lado el aspecto físico, pues también merece recibir cuidados adecuados. Un método infalible para liberar a la mente de pensamientos negativos es ejercitarse. Claro que para este punto podrán existir muchas excusas, desde la falta de tiempo, hasta el espacio, es verdad que no todos pueden asistir a un gimnasio o salir a correr por las mañanas, pero ten en cuenta que un poco de actividad física en cualquier momento del día puede ser sumamente beneficioso, por ejemplo, puedes realizar ejercicios de estiramiento al levantarte y antes de irte a acostar. También, puedes levantarte y dar un pequeño paseo cada cierto tiempo, después de estar frente a la computadora, estirarse cada que te sea posible, elige caminar las distancias cortas y usar las escaleras en vez del elevador. Incluir este tipo de actividades dentro de tu rutina diaria ayudará a que el estrés y las ideas no se acumilen en tu cuerpo y mente.

Ahora, para continuar hablando sobre los beneficios de la actividad física, es relevante recalcar la importancia de un buen descanso. Toma en cuenta que si eres una persona con estrés y sobrecarga mental, encontrar una noche de descanso reparador puede ser complicado, sin embargo, si lograste llevar a cabo el consejo anterior y sumaste actividad física a tu rutina, dormir el número de horas adecuado puede ser más fácil de lo que pensabas. Si consigues agotar tu energía física con una caminata y al mismo tiempo fuiste capaz de entender que todo lo que sucede a tu alrededor no es responsabilidad tuya, entonces calmar tu mente, antes de dormir, puede resultar más sencillo. Basta con que te dediques a hacer un esfuerzo y te concentres en las cosas buenas de tu día, no importa la magnitud, solo si fueron buenas, por ejemplo: lograste llegar a tiempo al trabajo, conseguiste prepararte un buen desayuno, hiciste tus estiramientos por la mañana, saludaste a todos amablemente, no te molestaste por un error en tu recibo del supermercado, etcétera. Como ves, todas esas acciones positivas son las que debes recordar antes de dormir, esto te ayudará a conciliar el sueño más rápidamente. Por otra parte, respirar adecuadamente antes de que te dispongas a descansar también puede contribuir a que tu sueño sea más reparador. Por ello, es de suma importancia que trates de dormir entre siete y nueve horas cada día, pues es lo que tu cuerpo necesita para reponer la energía provocada por el cansancio diario y, a su vez, le das a tu mente un respiro, sin embargo, algunas investigaciones indican que durante el sueño, el cerebro se ocupa de organizar tus pendientes, por lo que si te encuentras en un momento de sobrecarga mental, tal vez una siesta pueda ayudarte a organizar de mejor manera tus asuntos.

Es importante que también te alejes de los aparatos electrónicos, pues como ya mencionamos, pueden saturar con ideas nuevas a tu mente, así como estimular tu cerebro por la luz que emanan. Algunos estudios aseguran que la luz proveniente de la pantalla del televisor, computadora, tablet o teléfono móvil es muy semejante a la luz del día, el cerebro interpreta que no ha oscurecido y que es hora de seguir despierto y trabajando, por ello no debes mirar una pantalla por lo menos una hora antes de ir a la cama.

Otro aspecto que puede ser muy importante a la hora de encontrar calma es alimentarte sanamente, incluir en tu rutina los nutrientes necesarios que contribuyan a tu salud física y mental es un gran hábito que debes crear, si es que aún no lo tienes. Un ejemplo de alimentos adecuados, sobre todo antes de ir a la cama, son las nueces y frutos secos, se ha comprobado científicamente que son de gran ayuda para estimular el cerebro de manera positiva; además, es recomendable mantener una dieta balanceada en la que ponderes los granos y tubérculos, pues esto puede ser sumamente beneficioso para tu salud mental ya que te llenará de energía que te ayudará a lidiar mejor con las adversidades a las que tengas que enfrentarte. Así, veremos que para tener una alimentación adecuada es realmente importante evitar, a toda costa, alimentos con altas concentraciones de grasas o de azúcares, pues está comprobando que contribuyen a saturar la sangre e incrementar el ritmo cardiaco, lo cual puede llevarte a un ataque de estrés.

Uno de los aspectos fundamentales para combatir el estrés y sus efectos en la mente y el cuerpo se recomienda crear una conexión más profunda con los seres queridos, es decir, cultivar las relaciones cercanas, buscar formas y espacios para pasar tiempo de calidad con ellos, encontrar aspectos y temas en común para hacer en familia o con amigos, siempre cuidando que estas actividades no impliquen consumo de ninguna sustancia. El simple hecho de pasar tiempo con las personas que quieres y que se preocupan por ti y tu bienestar, puede llegar a ser un excelente remedio para aliviar el estrés.

En este tenor, platicar tus pensamientos, sueños o proyectos a una persona cercana puede ayudarte increíblemente a disminuir tus niveles de estrés y a poner en orden tus ideas. Hablar sobre nuestros problemas o simplemente sobre las cosas que nos hacen sentir bien liberar cantidades de energía positiva en nuestro cuerpo y si se trata de dialogar sobre aquellas cosas que nos provocan estrés, no hay remedio más favorable que charlar con un bueno amigo o algún familiar que sepa aconsejarnos o simplemente escuchar sin juzgar nuestras acciones o ideas.

En el proceso en el que buscas conectar con tus seres queridos, también puedes encontrar formas nuevas para relajarte que tal vez nunca antes hubieras imaginado, por ejemplo, practicar algún deporte nuevo, ver películas que no conocías, salir a conocer lugares diferentes a los que usualmente frecuentes, practicar una nueva afición como aprender algún instrumento o aprender habilidades nuevas como el dibujo, la danza, la pintura. Todas las actividades nuevas te pueden motivar y lograr que, por fin, comiences a sentir más desahogada tu mente, pues estarás concentrado en realizar algo nuevo, en aprender algo diferente y tu cerebro no tendrá tiempo ni espacio para dejar entrar al estrés derivado de la sobrecarga mental.

Existen diferentes técnicas de relajación que te pueden ayudar a liberar el estrés y la sobrecarga emocional y mental, una de las más populares en el mundo es el yoga. Es cierto que no todos pueden permitirse ir a clases de yoga, hay consejos que sí puedes aplicar en tu día a día, por ejemplo, los ejercicios de respiración profunda que permiten regular el ritmo cardiaco, estos ayudan a disminuir los niveles de ansiedad y ayudan a mantener en orden los pensamientos. Este tipo de ejercicios de respiración son útiles porque se pueden llevar a cabo potencialmente en cualquier lugar: desde la oficina, la escuela, el transporte público, la casa o en el lugar que tú elijas para dedicarte tiempo. Lo ideal es mantener en una posición cómoda, a partir de ahí, empezar a respirar acompasadamente, tratar de calmar el ritmo de respiración y pronto comenzarás a sentir que tus músculos se relajan. Posteriormente puedes comenzar a hacer respiraciones lentas y profundas sin llegar a lastimarte, un método muy eficaz para mantener tu mente en calma mientras realizas estos ejercicios es concentrar toda tu atención en el ritmo que lleva tu corazón, puedes contar los latidos, buscarles compás o simplemente escucharlos y no permitir que ningún otro pensamiento se interponga.

A veces la tecnología puede ser útil en estos casos, por ejemplo, existe una ámplia variedad de aplicaciones para el teléfono que están diseñadas para guiarte a través de ejercicios de respiración y meditación. A veces al inicio, es difícil lograr tal concentración, por esto es que las aplicaciones ofrecen música y prácticos ejercicios que te sirven para aprender, a estar en calma con tu mente y cuerpo. Y claro, de lo que se trata es de que tú aprendas a realizar los ejercicios de respiración por ti solo y, sobre todo, que descubras cuáles técnicas son las que funcionan mejor para ti.

Otro método que sirve, muy bien, para aprender a liberar la mente es realizar actividades que sean disfrutables, puede ser ir al cine, caminar en un parque, observar pájaros, leer, escuchar música, practicar algún deporte, comer tu postre favorito, cualquier cosa que te dé felicidad puede ayudar a aminorar la sensación de sobrecarga mental. Por esto, tratar de encontrar un espacio pequeño de tiempo para realizar algo gratificante debe ser tu prioridad. Puedes realizar una actividad simple como dibujar cosas pequeñitas, hacer notas sobre cómo te sientes o lo que observaste durante el día, escuchar tu canción favorita o ver un video divertido. Toma en cuenta que las pequeñas cosas juegan un papel sumamente importante al momento de liberar la mente de los pensamientos negativos.

Y finalmente, el consejo más importante para evitar el estrés y la sobrecarga mental es aprender a decir "no". Parece sencillo, pero vamos a suponer que tu jefe te invita a una cena de recaudación, y, al mismo tiempo, tienes la fiesta de cumpleaños de tu mejor amigo, pero tú no te sientes con el ánimo para acudir a ninguna de las dos ¿qué haces? Dependiendo de las prioridades, se puede anteponer el trabajo o las relaciones de amistad, sin embargo, otra opción es declinar ambas invitaciones y evitar el disgusto de estar en un lugar por la fuerza o por compromiso. Es importante saber discernir entre realmente querer realizar o asistir a una reunión, de cuando te sientes obligado a hacer algo por la postura social. En el caso de la reunión relacionada con el trabajo, podrías argumentar que tu jefe tiene prioridad solo por ser tu jefe, sin embargo, siempre debes estar tú antes que todos y tu bienestar es lo más importante. Lo mismo sucede con las tareas habituales, si tienes muchos deberes pendientes y por alguna razón surge otro, debes aprender a decir que "no", de lo contrarios terminarás sobrecargando tu cuerpo y mente con trabajo, el nivel de estrés crecerá y de lo que se trata es de aprender a poner límites, los cuales deben ser respetados por tus prójimos, ya sea en el trabajo o en un ambiente más íntimo como la familia o amigos.

Una herramienta que puede resultar sumamente eficaz para evitar la sobrecarga mental es mantener una agenda, esto puede ayudarte a tener bien organizados tus pendientes. Puedes comenzar usando un libreta de cualquier tipo en donde puedas poner por día las actividades que realizarás, incluso puedes incluir detalles. Lo recomendable es hacerlo a mano ya que con esta actividad tu mente también encontrará un momento de liberación y relajación, pues tu mente sentirá que puede liberarse de cierta información que se encuentra en la agenda, o a puño y letra también puede resultar terapéutico pues da la sensación de estar haciendo algo por mejorar el orden de nuestras vidas. Este ejercicio, a su vez, permitirá priorizar aquello que tengas por hacer y de esa forma contribuye a organizar tus ideas. Para comenzar puedes anotar tus planes a corto, mediano y largo plazo, posteriormente desglosar esos planes en acciones más pequeñas y concretas, por ejemplo, si tu plan es comprar un auto, tu primera acción podría ser informarte sobre los modelos que te interesan, cuáles te convienen de acuerdo con tus necesidades, qué tipo de financiamiento es el adecuado para ti, en fin, simplemente informarte. Tu segundo paso puede ser comenzar a ahorrar y reunir los documentos que puedas necesitar al momento de realizar la transacción, esta parte puede dividirse en más tareas, pues también se trata de decidir tu método de ahorro y organizar tus finanzas, y, sorprendentemente, aunque esto pueda parecer agobiante, tenerlo organizado en una agenda puede darte mucha calma; aparte, imagina la satisfacción que te va a producir cada vez que taches una tarea de la lista. Este método ha sido comprobado por diversos autores a lo largo de los años, así que confía y llévalo a cabo para que lo compruebes por ti mismo.

Si a pesar de seguir al pie de la letra todos estos consejos, hay momentos en los que aún te sientes superado por tu carga mental, no hay nada mejor que un poco de risa para aligerar la jornada, muchos estudios han demostrado que la risa ayuda, en gran medida, a relajar los músculos y oxigenar el cerebro, eso contribuye a que la mente funcione de mejor manera y pueda resolver conflictos, todo esto mientras te diviertes. Además, la risa estimula el movimiento de los pulmones, generando que llegue más sangre al corazón, lo cual estimula en gran medida la energía del cuerpo, ayudando así a disminuir la fatiga que puede producir el estrés. Por lo tanto, puedes planear una reunión con amigos cercanos para jugar un juego de mesa o simplemente para conversar y dejar que la risa fluya y haga su efecto sanador.

Un consejo muy sencillo que debes implementar en tu día a día, de forma inmediata, es elegir una palabra clave, debe ser una que te calme y traiga paz a tu corazón. Puedes elegir una palabra que te agrade por su pronunciación o que te motive por su significado, puede ser algunas que te traiga recuerdos agradables sobre personas o situaciones. De lo que se trata es de que esta palabra puede ayudarte en aquellos momentos en los que sientas que puedes comenzar a sobrecargar tu mente. Su función es servir como un mantra que repetirás cuando la ansiedad o el estrés se estén intentando apoderar de ti. En la medida es que pienses en tu palabra y las cosas a las que la anclaste verás que es mucho más fácil mantenerte en equilibrio.

En el mismo tenor, puedes utilizar una imagen para poder llegar a ese lugar de confort y calma que te permite continuar con tu día a día. Trata de elegir una fotografía o una pintura que evoque el recuerdo de buenos momentos o también puede funcionar que elijas algún paisaje como el bosque, el mar, el desierto, etcétera. Tomar un minuto de tu día, laboral o de vida cotidiana, para respirar despacio y contemplar la imagen que te hace sentir alegría y calma es otra de las maneras más utilizadas para combatir a la sobrecarga mental y emocional.

Toma siempre en cuenta que si tienes una actitud positiva tu vida va a mejorar de manera significativa. A través de esta peculiar forma de ver la vida podrás ayudar a tu mente y cuerpo a estar sanos y equilibrados, pero también podrás ayudar a otras personas a ser más felices y mejorar sus relaciones y su entorno. Sin embargo, a pesar de que por las mañanas te despiertas lleno de energía y con ganas de ayudar a los demás, verás que al pasar de las horas irán apareciendo cosas que te harán replantearte lo positivo y comenzarás a pensar que en realidad las cosas sí tiene un color oscuro y no brillante como el que veías por la mañana. Por lo tanto, es bastante normal que a lo largo del día nuestro humor cambie y a veces se vuelva negativo, por ello, ahora te diremos unos pequeños trucos para lograr que la energía positiva se quede contigo a lo largo del día y que no disminuya.

Utilizar un lenguaje adecuado y positivo es una potente herramienta para lograr tus objetivos y para mantener tu mente libre de preocupaciones. Haz todo lo posible para no quejarte de las circunstancias en las que te encuentras. Es verdad que no siempre es fácil afrontar la realidad y las cosas que nos toca experimentar, pese a ello, siempre agradece por lo que la vida te ofrece, incluso por las cosas "malas" ya que estas tienen la función de enseñar algo, de ofrecer una valiosa lección que más adelante será necesaria. Y, evidentemente, agradece con más entusiasmo las cosas buenas que el Universo te ha regalado. De esta forma seguirás atrayendo a tu vida las cosas que te proporcionan felicidad.

No siempre es fácil mostrar gratitud frente a todas las adversidades o cosas buenas que nos suceden. Pero con frecuencia damos por sentado que lo que tenemos nos pertenece y es un derecho, no nos damos cuenta de que está ahí porque nosotros lo quisimos y lo atrajimos a nuestro entorno. Por ello, debemos hacer de la gratitud un hábito, algo que de manera continua podamos demostrar y llevar a cabo. Ahora, como todo hábito debemos darle seguimiento, tratar de no caer en la rutina, sino de darle, de vez en cuando, un giro inesperado. Esto con la finalidad de tampoco caer dentro de una aburrida rutina.

Aceptar lo que tienes y aquello de lo que careces también es una clave importante para alcanzar la felicidad y alejarte del estrés. Como sabes, no todo dentro de nuestra vida es perfecto, siempre habrá altibajos y esa es la pimienta y la sal de la vida en general. Por ello, debes aprender a vivir tu realidad con las herramientas que te hayan proporcionado y a sacar el mejor provecho. Además, toma en cuenta que nada es perfecto y no todo puede ser netamente positivo, algunas veces un poco de energía negativa ayuda a ponernos en perspectiva frente nuestra cotidianeidad y de esta manera podemos retomar el rumbo. Esto también tiene que ver con dejar de controlar todo, pues una vez que aceptas las cosas como vienen y sólo te dedicas a sacar lo bueno de ello verás que la ansiedad, el estrés, el dolor de cabeza, los malestares corporales, etcétera, irán desapareciendo de tu vida paulatinamente.

Convivir con las personas adecuadas siempre será una gran ayuda para mantener el equilibrio en tu vida. Intenta siempre rodearte de individuos cuya energía sea positiva y que no se sientan identificados con el conflicto o las malas palabras. A veces sí resulta cierto el famoso dicho: "dime con quién andas y te diré quién eres", es decir, si tus amistades son personas que no encuentran el sabor correcto de la vida, y que todo el tiempo se quejan de aquello que les sucede, y no encuentran la manera de solucionar sus problemas, a través del equilibrio es posible que debas alejarte de ellas. Suena un poco radical, pero recuerda que la prioridad eres tú y tu salud física y mental. Si te rodeas de personas cargadas de negatividad no podrás avanzar en tu camino de vida y te quedarás anclado en las actitudes negativas de los que te rodean.

Ayudar al prójimo es una forma de regresar al Universo un poco de aquella positividad y cosas buenas que te han pasado. Si tienes un poco de tiempo libre puedes emplearlo para realizar una actividad sólo por el gusto de llevarla a cabo y no porque te significará un ingreso monetario. Lo más común es visitar a los ancianos en el asilo, leer cuentos a niños, ayudar a limpiar los espacios públicos, entre otras actividades. Pero lo que más gratificación puede traer a tu vida es que enseñes algo que te guste a los demás. Por ejemplo, si tocas la guitarra puedes ofrecer clases gratis o, si te gusta cocinar puedes preparar comida para alguien que lo necesite. A veces tienen más peso y valor una acción que simplemente dar dinero por que sí. Por lo tanto, busca aquello que te apasione y que quieras compartir con el mundo.

En ese sentido, aprender nuevas cosas siempre te llenará de nueva energía dejando salir aquella que ya no te sirve o que se ha vuelto obsoleta. Tomar clases para aprender a tocar un instrumento, bailar, aprender un nuevo idioma o simplemente algo que te haga ser mejor en tu trabajo también puede ayudar. De lo que se trata es de que mantengas una actitud positiva y una mente abierta a nuevas oportunidades de aprendizaje. Además, es posible que en el camino conozcas personas nuevas y puedas agregar a tu lista de amigos más individuos con energía positiva y que al final del día te ayudarán a continuar tu crecimiento como una persona equilibrada.

Nunca olvides que tú atraes aquello en lo que piensas y si tu pensamiento no es positivo o agradecido lo que vendrá a tu vida no te gustará y puede crear episodios de ansiedad y estrés que posiblemente no puedas manejar de manera adecuada. Toma en cuenta que existe algo que se llama Ley de la Atracción y consiste en que "aquello en lo que nos enfocamos, crece. A esto se debe que si enfocas a tu mente en lo positivo harás que más de eso crezca y se expanda en tu vida" (Autoayuda práctica). Por lo tanto, siempre debes centrar tu mente en las cosas buenas y en multiplicarlas, de lo contrario vas a colocar en tu vida cosas que no te servirán y terminarán perjudicando tu cuerpo y mente.

La clave es visualizar cómo te quieres ver, cómo serás dentro de un par de años, cuáles cosas conformarán tu entorno, qué personas te acompañaran, qué tipo de viaje de vida quieres realizar, cuáles cosas necesitas desechar de tu vida, qué personas no aportan nada y es mejor dejarlas ir, etcétera. Así, lo que debes hacer es trazar tu plan de vida y crear una imagen visual de ello, de esta manera te será tremendamente fácil alcanzar todos tus objetivos y habrás sido tú quien atrajo toda esa energía positiva y todas esas cosas que deseabas.

Otro punto clave tiene que ver con lo que permites entrar a tu vida, no precisamente personas, sino estímulos que provienen del entorno en el que te desarrollas. Por ejemplo, en el ambiente del hogar es mucho más fácil ya que tú controlas aquello que consumes o que forma parte de tu vida en general, desde lo que comes hasta lo que ves o escuchas. Pero en el trabajo no es posible tener tanto control sobre dichos estímulos. Por ello también debes mantener una actitud firme y clara, es decir que si te enfocas en ti y en realizar tu trabajo de la manera más eficaz y rápida verás que al final del día no te habrás preocupado por otras cosas que no tenían que ver contigo y que habrían terminado por agregar demasiada carga mental a tu vida.

Ahora bien, a pesar de que estés completamente enfocado en aceptar y tomar lo mejor que la vida ofrece y estás llevando un día a día organizado y libre de energía negativas, debes tener cuidado de un aspecto. Caer en la rutina, a pesar de que esta sea organizada y positiva, va a terminar por convertirse en algo malo para tu cuerpo y mente. Trata siempre de dar variedad a tus días, de hacer las cosas que te gustan pero a veces modificarlas un poco para que sientas que haces algo nuevo y divertido. No hay nada más negativo que una cosa que se repite de manera constante y monótona, por esto cuida mucho las rutinas y los hábitos, pues de ellos depende que tu equilibrio, entre cuerpo y mente, sea el adecuado.

Ya se habló de la aceptación de las cosas, sean buenas o malas. Pero sobre todo hay que aprender a aceptar los fracasos, pues estos son las lecciones más fuertes y poderosas que podemos recibir. De cada uno de ellos podemos aprender cuáles han sido nuestros errores y erradicarlos y, también, cuáles son nuestras fortalezas y a estas hacerlas más fuertes y grandes. No tengas miedo de hacer las cosas que quieres y te gustan, recuerda que el fracaso es solo una etapa que se tiene que superar y que si aquello que buscabas no funciona siempre hay una segunda oportunidad para hacer las cosas no solo bien, sino de la mejor manera. Recuerda que en este caso la pregunta clave es ¿qué puedo aprender de esto y cuál es la enseñanza que me deja? Nunca te concentres en lo negativo de la situación, siempre intenta buscar el lado brillante de cada una de las situaciones con las que te enfrentes en tu recorrido por la vida.

Capítulo Cinco:

Aprende a tener relaciones más sanas con las personas que te rodean

Recuerda que lo primordial para ti debe ser despejar la mente y no permitir la sobrecarga de emociones y estrés. Muchas veces convivimos con personas que son dañinas para nosotros, en todos los aspectos, pues solo se ocupan de drenar la energía e incluso llegar a exigir demasiado. Se caracterizan por pedir favores y solo permanecen cerca cuando son ellos los que necesitan ayuda y piden apoyo para resolver aquello que les molesta; por el contrario, cuando eres tú quien se encuentra en la necesidad de una mano amiga o un hombro sobre el cual reposar en momentos de tribulación simplemente desaparecen. En ese sentido, debes aprender a distinguir entre las personas positivas y que realmente te aportan algo y aquellas que simplemente están contigo por conveniencia.

Lo interesante aquí es que cualquier persona, independientemente de si es parte de tu familia tu círculo de amigos, tu entorno laboral u otras personas con las que convivas de manera cotidiana, puede llegar a convertirse en una especie de "carga" al transferir sus emociones o parte de estas a tu mente. Esto tiene como consecuencia que exista en ti una sobrecarga emocional, de ideas e incluso se puede manifestar en el plano físico. Generalmente esta es una característica de los empáticos, sin embargo, todas las personas tenemos la capacidad para desarrollar empatía con los demás, sobre todo si se trata de nuestros familiares o amigos más cercanos. Es evidente que no es incorrecto que apoyemos a nuestros amigos cuando lo necesiten, pero también debemos aprender a descargarnos de aquellas energías que no son nuestras, pues al final del día lo que hacen es no permitirnos avanzar en nuestro camino y quedamos estancados dentro de un problema que no nos compete.

Para evitar todo esto, lo primero que debes hacer es prestar suma atención a la manera en que los otros interactúan contigo ¿de verdad aportan elementos positivos a tu vida o, por el contrario, restan energía a tu persona? Identificar a los individuos que te hacen daño emocional puede ser una tarea compleja, pues no es fácil mirar con cierta frialdad a los que nos rodean, mucho menos si se trata de nuestra familia o amigos más cercanos, pese a ello, resulta necesario, en muchas ocasiones, replantearse el tipo de relación que tenemos con todas las personas que nos rodean. Por lo tanto, mirar desde otra perspectiva a tus relaciones familiares, de amistad o pareja siempre es una buena opción ya que el replanteamiento puede ayudar a mejorar los aspectos positivos y, también, a encontrar los puntos débiles; caso contrario ocurre con las relaciones negativas, una vez que se hace una mirada objetiva podrás encontrar aquello que está mal y, en consecuencia, debes tomar la iniciativa, ya sea para lograr mejorar o para, en definitiva, dejar de interactuar con una persona tóxica, aunque se trate de un miembro de tu familia.

En los párrafos anteriores se han descrito, con brevedad, algunas de las características que pueden tener los individuos tóxicos y las relaciones que puedes desarrollar con ellos, por lo tanto, es necesario que revisemos los diferentes tipos que pueden presentarse en tu vida, sobre todo aquellos con los que de manera inevitable tendrás que lidiar. El primer tipo de relación en la que puede aparecer un conflicto es aquella que involucra a la pareja. En un inicio todo puede parecer pacífico y lleno de amor y perfección, pero con el paso de los días y los meses los problemas comienzan a surgir y es ahí donde la toxicidad de una persona sale a la luz. De manera ideal se espera que dentro de una relación de pareja exista apoyo por ambas partes, que se trate, en todos los sentidos, de un equipo que lleva a cabo proyectos y que, a su vez, se ocupa de sus ideas y trabajos personales. A pesar de esto, hay momentos o casos en los que un miembro de ese equipo decide que es momento de controlar la vida del otro, se cree dueño o dueña de su espacio y tiempo y es el inicio de la convivencia tóxica.

Por ello, debes ser capaz de ver cuál es tu lugar dentro de tu relación de pareja. Pues algunas veces somos esa persona que hace daño y afecta el devenir del otro y no nos damos cuenta. O, por el contrario, podemos ser el individuo que se encuentra a expensas de lo que la pareja dicta y no podemos desarrollarnos con plenitud. Por lo tanto, si eres tú el miembro que hace todo por tomar el control sin permitir que el otro se desenvuelva debes ser consciente y, sobre todo, responsable, para dejar de tener dicha actitud negativa y controladora. En cambio, si estás en el lado contrario lo que puedes hacer es dejar de compartir tu tiempo y espacio con quien te afecta. En ambos sentidos resulta difícil darse cuenta de lo que ocurre, por ello la comunicación con el otro y el apoyo de su entorno familiar y social les puede ayudar para entender si sus interacciones son adecuadas o no.

Ahora, es posible que a pesar de ya haber notado que hay cosas complejas dentro de la relación no sea tan fácil dar con una respuesta correcta o encontrar la manera idónea para dejar de tener un comportamiento tóxico. Muchas veces ambos individuos no están preparados emocionalmente para lidiar con los problemas que surgen al interior de su convivencia como pareja, por ello es que lo recomendable es buscar ayuda de un profesional, esto hará que ambas partes encuentren un equilibrio y puedan decidir si siguen adelante, modificando ciertos elementos de su relación o, por el contrario, se alejan definitivamente de la vida del otro.

Por lo tanto, es sumamente importante que comiences a preocuparte por ti mismo, por aquellas cosas que deseas y necesitas, pero sobre todo por tu paz emocional y física. Así, en la medida en que comiences a tomar conciencia de las cosas que te afectan y de las que puedes mejorar podrás identificar más rápido a los vampiros de energía. Esto sobre todo si se trata de un compañero emocional. Ahora, el mejor consejo que hasta aquí podemos proporcionarte es: ámate a ti mismo en todo momento, sin importar si te encuentras dentro de una relación amorosa o estás disfrutando de la soltería. De esta forma, una vez que descubras las bondades del amor propio tu vida comenzará a modificarse para tomar un rumbo adecuado y lleno de momentos de felicidad y gratitud. Además, amarnos a nosotros mismos nos brinda la fortaleza necesaria para sacar de nuestra vida a los elementos o individuos que son inadecuados y que nos hacen infelices.

Ahora toca el turno de reflexionar sobre otro tipo de relaciones, que también pueden ser tóxicas y que, de igual manera que las de pareja, pueden hacer que la realidad se vea afectada en diferentes niveles. Dentro del núcleo familiar es posible que uno o varios miembros exijan de nosotros cosas, actividades o actitudes con las que no estamos completamente de acuerdo. ¿Qué implica esto y cuáles son las señales? Un familiar tóxico es aquel que demanda exceso de atención, que a pesar de saber que tienes una vida, ocupaciones y demás intenta tener el control de tu tiempo o manejarlo de tal manera que sólo convenga a sus necesidades y conveniencia. Por lo tanto, solo se preocupa de sus intereses, dejando fuera lo que los demás quieren, sin importar si se trata de desconocidos, o en este caso de un familiar. Como puedes ver, es un tema difícil de abordar, pues nos han educado para que apoyemos a nuestra familia tanto en los momentos buenos, como en los momentos malos, sin embargo, debe haber matices en esto, no por el simple hecho de que se trate de tu familia puede expandir su toxicidad a todos los miembros.

Sabemos, de antemano, que a la familia la tenemos que apoyar incondicionalmente y que por tratarse de personas que llevan nuestra misma sangre están destinadas a permanecer a nuestro lado por toda la vida, sin embargo, también debemos aprender a identificar cuáles miembros de esa gran manada unida por la sangre no están aportando nada positivo a tu vida, o en el peor de los casos, quienes son los que se roban tu energía e intentan manipularte todo el tiempo. Por lo tanto, debes saber que también es válido cortar los lazos con aquellos familiares que en lugar de aportar momentos de bienestar, apoyo y valor, terminan por ser aquellos que atraen la negatividad.

Ahora bien, por tratarse de un miembro de tu familia es posible que ese vínculo no quede roto de por vida, pero lo que sí puedes hacer es limitar tu interacción con esa persona dañina para tu salud física, mental y emocional. Aprende a controlar los tiempos y los espacios que compartes con tu familiar tóxico y no tengas miedo de parecer alguien que se aleja, pues en algunos casos es preferible ser tildado como antisocial en vez de permitir que lo negativo entre a tu vida y tome control de ella. Además, debes tomar en cuenta que es posible que ese familiar tóxico sólo lo sea para ti, y con los otros integrantes de tu familia se comporte de manera diferente, por lo tanto, a los demás les costará trabajo entender cómo es que para ti esta persona representa negatividad, pero no te preocupes, es normal que incluso algunos de tus familiares lleguen a sentirse ofendidos, sin embargo, tu tarea es exponer tus puntos de vista, lo que piensas y sientes con la finalidad de que, de alguna manera, logren ponerse en tu lugar. De igual manera, puede suceder que el ya tan mencionado miembro tóxico sea así con todos los integrantes de tu familia, en este caso lo ideal sería que como comunidad sanguínea platiquen con él o ella y encuentren una forma pacífica de solucionar los roces, pues recuerda que la finalidad de una familia es crecer y fortalecer los lazos de amor que los unen.

Expulsar de tu vida a una persona puede resultar una decisión difícil de cumplir, sobre todo cuando es parte de tu familia, ya vimos los problemas que pueden derivar de ello, pero ten en cuenta que no eres la única persona experimentando este tipo de problemas. Algunas veces para superar esta transición ayuda que contactes con otras personas que ya han expulsado de su vida a personas tóxicas o incluso que te apoyes en otros miembros de tu familia para sobrellevar la carga.

Ahora bien, debes trabajar horas extra para mejorar la relación que tienes contigo mismo, no solo se trata de ejercitarte y comer bien; también tus ideas y emociones cuentan y cuentan mucho. El autocuidado es algo en lo que debes de trabajar de manera constante, en hacerte sentir bien a ti mismo sin esperar que los demás vengan a resolver tus conflictos. Toma la iniciativa y sé tú quien resuelve las cosas. Ten siempre en cuenta que si tu relación contigo mismo no es saludable las otras relaciones que desarrolles tampoco lo serán. Comienza amándote y aceptando cada uno de tus virtudes y defectos, es obvio que estos últimos son los más difíciles de entender y amar, pero en la medida en que aceptes que no eres perfecto o perfecta, pues nadie lo es, podrás ser un mejor ser humano y no solo te estarás ayudando a ti mismo, también a las personas que te rodean, pues tu energía cambiará de tal manera que sólo podrás emanar vibras positivas.

Lo primero es realizar un análisis de tu vida, mirar todos sus aspectos y componentes para a partir de ahí considerar o modificar ciertos elementos que no te aportan cosas positivas. ¿Eres feliz realizando tu trabajo? ¿Te gusta el vecindario donde vives? ¿La ropa que usas de verdad te gusta o solo estás siguiendo una moda? Como puedes intuir, se trata de encontrar tu felicidad en los diferentes aspectos que forman parte de tu vida. Por lo tanto, reflexiona en torno a tu carrera, familia, pareja, ejercicio, hobbies, etcétera. Toma un momento de tu día para pensar en todas esas cosas que quieres y que necesitas para alcanzar la felicidad, además, no olvides también pensar en aquello que no te llena por completo o que quisieras modificar. Recuerda que eres tú quien tiene el poder de hacer que las cosas mejoren o pasen a un peor plano.

Todo esto está encaminado a crear una conciencia del autocuidado, ya que tener una buena relación contigo mismo mejora la manera en que te relacionas con los otros. Por ejemplo, "Conway lo compara con las instrucciones de seguridad dentro de un avión: ponte la máscara de oxígeno antes de ayudar a alguien más a colocársela, incluso a un niño" (Tartakovsky). Por lo tanto, esto no implica que no ayudes a los demás nunca o bajo ninguna circunstancia, pero deja como enseñanza que en la medida en que tú estés bien serás capaz de ayudar a los otros. No podemos ser el soporte de alguien más si nosotros mismos no tenemos los pies bien colocados sobre la tierra. La importancia del autocuidado queda sumamente clara en este punto, pues no puedes ser la fortaleza de otros si alguna de tus partes está debilitada.

Por lo tanto, a continuación mencionamos algunos consejos para que des inicio con la tarea de autocuidado. El primero es ocuparte de tus necesidades, es decir, alimentarte bien, dormir ocho horas o más, comer adecuadamente, entre otros. La felicidad es importante, si tienes una agenda totalmente ocupada haz todo lo posible por organizar tu tiempo de tal manera que des prioridad a las actividades que te liberan de estrés. Presta atención a tus necesidades internas, cada uno de los procesos que lleva a cabo tu cuerpo tiene una causa, por ello es muy importante que conozcas las reacciones físicas y emocionales que emanan de ti. En todo caso, una vez que identifiques esto podrás evitar algunas circunstancias que lleguen a ser desfavorables para tu persona.

De igual manera, de forma regular haz tiempo para ti, a veces solo basta que tomes diez minutos de relajación o en silencio para que dejes tu mente en blanco y puedas iniciar o continuar tu día de mejor manera. Dentro de este tenor, puedes meditar, pues también implica que te tomes un tiempo en paz para sentir tus emociones y tu cuerpo. En este caso la meditación puede ser guiada o no, finalmente eres tú quien decide cómo manejar el tiempo que dedicas a tu salud física y mental. Lo más importante, debes ser tu mejor amigo, eres tú el único responsable de ti mismo y tu bienestar. Esto también implica que aprendas a estar contigo mismo, a pasar tiempo contigo, en soledad. Por lo tanto, dedica espacios y actividades que enriquezcan tu vida y la de aquellos que te rodean.

Escribir en un diario siempre es una buena opción para conocerte, estimula la creatividad en la medida en la que piensas en aquello que vas a colocar en cada página, el tamaño de la letra que usarás, los colores o tipografía que usarás para decir determinadas cosas, etcétera; además, esto también te permitirá, más adelante visualizar cómo tus estados de ánimo cambian. Al inicio solo se trata de enfocarse en la redacción, en dejar salir las ideas para descargar la mente, pero una vez que se lleva a cabo la relectura de los días pasados serás capaz de ver las pequeñas diferencias. Además, al leer su contenido sabrás qué es lo que en ese momento te hacía sentir mal o, por el contrario, encontrarás buenos recuerdos que te harán aún más feliz.

Sé consciente de ti mismo en el mundo y del tipo de relación que tienes con las personas que te rodean, sobre todo tu pareja, familia y amigos, pues son ellos los que reciben tu energía y de quienes, también, recibes energía. Aprende a poner atención a los pequeños detalles que se presentan ante ti, puede ser que mientras estás tomando una caminata por el parque te encuentres con una ardilla y en vez de ignorarla presta atención a sus movimientos, a los detalles de su pelaje, a la manera en que elige escalar un árbol y no otro. Mirar con detenimiento ciertas cosas ayudará a tu mente a concentrarse de mejor manera y también te ayudará a conocer detalles sobre los que te rodean.

Se trata de aprender a ser una persona observadora y atenta. Esto puede servir en dos vías, pues al prestar atención a los detalles de tu cuerpo y las reacciones que tiene frente a ciertos estímulos podrás definir tus gustos y optar por aquello que te da felicidad y, por el contrario, al identificar lo que drena tu energía podrás alejarte a tiempo para que no te afecte. Aunado a esto, esta habilidad también te puede servir para ayudar a quienes te rodean, pues conocerás las señales físicas de que algo malo está sucediendo con sus sentimientos o sus ideas. No dejes de ejercitar la observación, siempre es una herramienta que no tomamos en cuenta pero que en todo momento tiene una utilidad.

Nunca olvides dar gracias por todo lo que tienes y por las personas que te rodean. Dependiendo de la organización de tu tiempo puedes tomarte un espacio durante la mañana o la noche para decir al Universo o a Dios lo feliz que eres con lo que tienes y la satisfacción que sientes. Algunas personas también agradecen cada vez que consumen algún alimento e, incluso, ofrecen apoyo a otros individuos que lo necesitan pues de esta manera también están regresando un poco que todo aquello que les ha sido regalado. Recuerda que no se trata de acumular las riquezas en la tierra, pues al final del camino todos vamos a partir, quizá a otro plano, otra vida, otro universo o cualquiera que sea el lugar al que creas que vamos después de la muerte. Por ello, para algunos funciona mejor una vida simple, con pocos lujos y sólo con lo esencial o necesario para llevar una vida digna. Esto no quiere decir que te deshagas de todas tus cosas, pero ten en cuenta que algunas veces los objetos también pueden consumir nuestra energía y, en ocasiones, es necesario deshacernos de lo que no nos sirve o de lo que ya no utilizamos.

Capítulo Seis:

Limpia tu mente de malos pensamientos

Ya se ha hablado de la sobrecarga de ideas y pensamientos que pueden invadir a una persona. Existen individuos que absorben con mayor facilidad las ideas y estados de ánimo de quienes les rodean y estas son conocidas como empáticas, es decir, a veces sin quererlo se cargan con la energía de sus compañeros de trabajo, amigos o familia, pero este tipo de individuos deben aprender por su cuenta cómo manejar aquellas emociones que no les pertenecen. En cambio, una persona común y corriente, también puede tener algunas características que pertenecen a los empáticos y de alguna manera terminar con una carga de ideas que no son suyas, por ello la mejor manera para deshacerse de aquello que no nos pertenece es realizar algunos ejercicios de respiración o meditar para que la sobrecarga mental no alcance nuestras vidas.

De manera natural la mente se encuentra trabajando todo el tiempo, a todas horas; incluso cuando dormimos esta sigue funcionando, creando ideas y haciendo que comencemos a soñar. Por ello, una de las mejores formas para despejarla de toda la maraña de pensamientos es a través de la escritura. Puede ser que no te consideres un escritor nato o que sientas que expresar aquello que sientes no podrá ser descrito con palabras, sin embargo, de lo que se trata es de dejarte llevar con la finalidad de expulsar lo que te mantiene dentro de un estado de intranquilidad. Lo recomendable es destruir los escritos, pues una vez que materializaste tus ideas puedes "literalmente" desaparecerlas de tu vista.

El arte siempre es un aliado para liberar el estrés, emociones o cualquier energía negativa que esté afectando tu vida. Por ello, también puede ser recomendable que practiques la pintura o la escultura de figuras. De lo que se trata al integrarte en una actividad de este tipo es de ocupar tu mente en algo determinado y fijo. De esta manera, al concentrarte podrás paulatinamente ir liberando tus ideas o lograrás ordenarlas de tal manera que ya no sean una carga para tu cuerpo y mente.

Otro de los consejos más recomendados es hablar con alguien más. Tener una perspectiva ajena a nosotros mismos es la mejor manera de encontrar la solución a los problemas. Lo más común es acudir a un amigo o grupo de amigos para "descargar" las ideas y poner en orden nuestra mente. Sin embargo, a veces sucede que no todos los amigos están dispuestos a escuchar los problemas que nos aquejan o en algunos casos puede suceder que la otra persona también esté experimentando una situación extrema y termine agregando más ideas a tu mente ya sobrecargada. La familia puede ser una mejor ayuda, pues los lazos sanguíneos y la confianza que se crea después de conocerse desde hace muchos años logra que puedas hablar con toda libertad sin sentirte juzgado o juzgada. Si aún después de hablar con un amigo o familiar sigues experimentando cierto grado de ansiedad lo recomendable es que acudas con un terapeuta, en este sentido tú puedes decidir el tipo de terapia a realizar, por ello, lo recomendables es que investigues un poco antes de acudir a la visita con un especialista, pues de esta manera encontrarás que hay diversas maneras para lidiar con los pensamientos negativos y solo se trata de que encuentres el adecuado para ti.

Toma en cuenta que comenzar a asistir de manera regular a terapias con un especialista de la mente y su funcionamiento no es sinónimo de locura; al contrario, iniciar con el cuidado de tu mente resulta ser la manera más responsable para despejar tu cerebro de las ideas que no le pertenecen o que están afectando su correcto funcionamiento. Como sociedad estamos acostumbrados a tachar a alguien por su estado mental cuando sabemos que visita regularmente al terapeuta, pero debes saber que la terapia nada tiene que ver con un estado mental alterado, al contrario: si estás bien te ayudará a reforzar y continuar de esa manera. Y si hay algo que está perturbando tu paz entonces te ayudará a superar los obstáculos con mayor facilidad.

Si eres una persona que ama a los animales lo ideal es que tengas una mascota a tu lado. Así como un terapeuta te ayuda a redirigir las energías negativas y a depurar tus pensamientos, una mascota te apoya para permanecer dentro de un estado mental tranquilo y libre de alteraciones. Está comprobado que aquellas personas que tiene una mascota en casa y que dedican tiempo a su cuidado logran mantener un equilibrio en su vida. Dentro de este rubro, lo más recomendable es tener un perro, pues llevarlo a caminar ayudará a que tu mente descargue sus ideas con cada paso que des y el solo hecho de salir a la calle a respirar el aire fresco, en compañía de tu amigo perruno, trae muchos beneficios a tu vida.

Realizar alguna actividad física siempre va a ser una de las mayores recomendaciones, pues se trata de centrar, por un periodo determinado de tiempo, tu mente en algo específico. Entre los ejercicios que más se recomiendan es correr o caminar ya que tu mente se concentra en dicha actividad, en la respiración, en el movimiento de los pies y de esta manera deja de generar ideas de manera constante e innecesaria. Nadar es otra de las opciones más populares, pues al encontrarte aislado bajo el agua, midiendo tu respiración, brazadas y patadas serás capaz de relajarte y dejar tu mente en blanco, o por lo menos concentrada en una sola cosa y no es diferentes temas o aspectos.

Autoanalizarse siempre resulta una tarea difícil de realizar ya que muchas de las veces descubrir nuestro verdadero yo llega a ser muy diferente a lo que en verdad pensábamos. Sin embargo, es la única forma para encontrar dónde estamos fallando y, sobre todo, saber qué cosas son las que no nos están dejando crecer como individuos. Ya se ha mencionado que escribir en una hoja de papel aquello que nos molesta puede ser una solución fácil y rápida para liberar los pensamientos, pero no se trata de imponer técnicas que puede que no te sirvan a la larga. Más bien, debes intentar aquellas técnicas que te parezcan adecuadas y al final descubrir cuál es la que mejor se acomoda a tus necesidades.

Pero qué es en realidad liberar los pensamientos, de verdad es algo que se puede lograr o sólo tenemos la idea de que despejamos y ordenamos nuestra mente cuando en realidad todo sigue ahí dentro y simplemente decidimos ignorarlo. Toma en cuenta que una vez que hayas dejado de pensar en algo implica que has "liberado" tu mente. Quizá esto no ocurre como tal de forma física, pero el cerebro es una parte poderosa del cuerpo y si sabes cómo manejarlo lograrás cualquier objetivo que te propongas.

A veces nos parece natural sobre analizar todo lo que nos rodea y es ahí donde la sobrecarga de ideas se presenta. Si pensamos una y otra vez en el mismo tema y no logramos resolverlo o, a pesar de que ya encontramos la solución, seguimos pensando en ello es posible que necesitemos ayuda de un profesional para redirigir nuestros pensamientos y la manera en que los organizamos. Ahora, a pesar de que tengas la ayuda de alguien especializado en los problemas del cuerpo y la mente también necesitas poner de tu parte para alcanzar la estabilidad emocional y mental que tu cuerpo necesita para seguir funcionando de forma correcta.

Nunca subestimes el poder de la naturaleza, en este caso pasar tiempo al aire libre, en el campo, la playa, el desierto o cualquier otro entorno que te permita respirar el aire fresco siempre será favorable. Si vives en una ciudad llena de concreto y edificios no te abrumes, simplemente asomar el rostro por la ventana y mirar el cielo o subir a tu azotea y observar las luces de la ciudad pueden ayudar a relajarte y sentir que todas esas ideas que antes flotaban en tu cabeza se han esfumado. Así como el cerebro es capaz de lograr cualquier objetivo si lo diriges de manera adecuada, la respiración pausada y profunda puede ayudarte a aminorar el estrés o ciertos malestares que tu cuerpo esté experimentando. Por lo tanto, se trata de canalizar la tensión, es decir, enfocarla y dirigirla a un lugar específico para que, posteriormente, puedas deshacerte de ella y evitar la ansiedad, el estrés y la sobrecarga emocional.

Capítulo Siete:

manten un entorno digital sano, el uso correcto de las aplicaciones

En la actualidad las redes sociales han conquistado nuestro tiempo y diferentes aspecto de la vida cotidiana. Las nuevas generaciones encuentran muy difícil estar sin conexión a internet o mantenerse sin revisar el celular por varios minutos. La conexión inmediata se ha convertido en el motor de la vida de miles de usuarios alrededor del mundo y generalmente son los más jóvenes quienes se enganchan con este tipo de situaciones y tecnologías. Esto no significa que todo sea malo o completamente positivo, por ello comencemos hablando sobre los beneficios que las redes sociales y el ciberespacio.

Gracias a estos avances tecnológicos podemos conectarnos con personas que están del otro lado del mundo. Además la información y las noticias pueden llegar de manera simultánea hasta donde nos encontremos, sin filtros y generalmente contada por las personas directamente involucradas. Las redes sociales nos conectan de diversas maneras y se ocupan de expandir nuestro panorama; sin embargo, se ha visto que a final del día se puede convertir en un espacio tóxico, lleno de comentarios que no aportan nada positivo a nuestra vida y en, en algunos casos, pueden herir la privacidad y estabilidad de una persona.

¿Cómo sabemos que se trata de una relación

tóxica la que desarrollamos con las redes sociales y el internet en general? La única forma de saber esto es a través del autoanálisis. Debes preguntarte, en todo momento, si el tiempo que pasas navegando en las redes sociales es el adecuado; o si, por el contrario, los comentarios que haces a otros usuarios en realidad son amables y no "afectan" su integridad. Y es que los límites, algunas veces, llegan a ser difusos entre lo que es permitido dentro de la web y aquello que no.

Tomemos en cuenta que al inicio del uso público del internet este se consideraba una herramienta para acceder al conocimiento y a los demás usuarios. Poco a poco se fue transformando en aquello que a veces desconecta a las personas, sobre todo crea cierta desconexión con la realidad y aquellos que nos rodean. Piensa en ese momento del día en el que vas viajando en el autobús o el tren y ves cómo cada uno de los usuarios lleva un teléfono en la mano y va envuelto en su propia burbuja, sin prestar atención a lo que está aconteciendo en la realidad. Es así como resulta sumamente paradójico que aquello que en un principio nos unía ahora nos separa de los individuos que tenemos más cerca. Otro ejemplo son las familias que a la hora de la comida o la cena en vez de charlar sobre lo que les ha pasado a lo largo del día están sumergidos cada quien en un dispositivo móvil y no hay una interacción cara a cara, una relación verdadera y real.

En última instancia, puedes saber si eres adicto a la tecnología, el internet y las redes sociales con el simple hecho de ver de qué manera reaccionas si un día olvidas tu teléfono móvil en casa. Te puedes comunicar de manera normal con los demás o sientes una intensa ansiedad y no puedes estar tranquilo o tranquila sin revisar, cada cinco minutos qué hay de nuevo en Facebook o Twitter. Es normal que vayamos creando hábitos nuevos y que nos sea difícil dejarlos, sin embargo, es tu tarea ver cuánto dependes de los dispositivos móviles y que tanto controlan tu vida laboral y personal.

En la actualidad existen ciertos retiros tecnológicos que te ayudan a dejar la dependencia a la tecnología y a estar conectados todo el tiempo al internet. También hay hoteles en donde el uso de la tecnología está estrictamente prohibido y de alguna manera lo que se busca es desintoxicar a los usuarios, hacer que se den cuenta de que su relación con los aparatos móviles no es tan sana como pensaban y que es momento de retomar el control de su vida.

Estamos habituados a que nuestra vida esté contenida dentro de un solo aparato: el teléfono móvil. Desde ahí podemos hacer llamadas, enviar mensajes, mirar películas, utilizar miles de aplicaciones que simplifican nuestra vida y no nos detenemos a pensar, por un momento, ¿de verdad las aplicaciones mejoran nuestra calidad de vida? Es muy probable que por novedad o moda descarguemos en nuestro móvil ciertas aplicaciones que no utilizamos o que en realidad no aportan nada a nuestro estilo de vida. Por ello, para tener una vida digital más sana se recomienda revisar periódicamente el contenido de nuestro celular. De esta manera podremos ver qué es lo que es obsoleto y simplemente está ocupando espacio en la memoria.

El gran problema con las aplicaciones y las redes sociales es que constantemente nos bombardean con notificaciones: ya sea porque algún usuario comentó una publicación, porque una noticia "relevante" aconteció o simplemente se trata de publicidad intentando vender algo. En cualquiera de estos casos, podemos notar que el denominador común es llamar la atención de usuario y si somos nosotros los que caemos en manos de las notificaciones terminaremos presas del estrés, pues no podemos estar constantemente revisando y contestando la gran cantidad de mensajes, comentarios, likes, etcétera que surjan de cualquiera de nuestras redes sociales. Ahora, frente a este panorama, tu tarea como usuario o usuaria de las redes sociales y en internet en general es tomar la determinación para mantener en silencio los sonidos de tu teléfono, esto hará que en realidad te concentres del todo en tu trabajo, escuela, familia, amigos y todo aquello que a veces dejamos fuera por estar mirando dentro de la pantalla del celular.

La propuesta más sencilla y simple es eliminar todas las redes sociales de tu teléfono portátil, sin embargo, debemos hacer notar que no son malas del todo, pues nos ayudan a mantenernos en comunicación con personas que están lejos. Por ello, si quieres mantenerte en contacto con aquellos que están lejos de ti no es necesario que elimines de tu dispositivo las aplicaciones; en cambio, lo recomendable es que pongas en silencio las notificaciones, de tal manera que sólo accedas a las redes sociales cuando tú lo deseas y no a causa del sonido de una notificación.

Hasta aquí puede parecer exagerado que las aplicaciones tengan la capacidad de controlar nuestras vida, pero es verdad que para algunos usuarios funcionan como una especie de adicción la cual les es casi imposible dejar. No podemos negar que muchas veces nuestra vida se simplifica a través del uso de algunas aplicaciones, sin embargo, también existen muchas otras que en definitiva no aportan nada nuevo a nuestro entorno. Toma en cuenta que entre más tiempo pases dentro de las redes sociales las posibilidades de que sufras depresión incrementan. Sabemos que dentro de estos entornos se muestra un parte de la realidad que la mayoría de las veces está distorsionada, pese a esto se considera el modelo a seguir o la meta que se pretende alcanzar, por ello a veces genera cierto grado de ansiedad en los usuarios que no son compatibles con ese tipo de vida que las redes sociales proponen.

La depresión derivada del consumo de la información que aparece en redes sociales también tiene que ver con el tiempo que dedicamos a navegar. No solo se trata de las horas invertidas, lo que preocupa a la sociedad es el hecho de que se ha creado una adicción, esto es: una compulsión de revisar cada diez o quince minutos el celular, a pesar de que no haya sonado o de que no vayamos a subir una nueva publicación. Frente a esto, es válido pensar que son los más jóvenes quienes se encuentran en un estado más vulnerable, sin embargo, los adultos también experimentan este problema y, a veces, son ellos los que batallan más para poder salir del círculo vicioso.

Ahora analicemos ¿de dónde viene el miedo irracional a mantenerse desconectado de las redes? FOMO es el sustantivo y acrónimo que nombra aquello que experimentan los usuarios al encontrarse desconectados de las redes sociales. Su significado viene del inglés: "Fear Of Missing Out, o miedo a perderte algo importante que estaría pasando en tus redes sociales justo cuando no las revisas" (Ecoosfera). ¿Qué puede ocurrir dentro del mundo digital cuando no estás conectado? ¿Hay cambios significativos en la realidad y tu vida mientras te encuentras fuera de las redes sociales? Debes aprender a darte cuenta de que nada ocurrirá si estás desconectado diez minutos, una hora, semanas enteras. Por lo tanto, mantener la calma en todo momento es la clave de un entorno digital sano.

Recordemos que otro de los puntos importantes para lograr equilibrar tu realidad con la realidad digital es organizar detalladamente tus actividades, dejando algunos espacios para revisar las redes sociales, comunicarte con amigos o simplemente distraerte por un momento de los problemas mientras navegas en la red. Y recuerda siempre que no se trata de perder el control y pasar frente a la computadora o tu dispositivo móvil una gran cantidad de horas.

Por ello, es fundamental saber que hay diferencias entre los usos que le damos a la tecnología. Por ejemplo, revisar de forma constante el correo electrónico del trabajo sí es una actividad necesaria; en cambio, revisar con la misma intensidad Facebook, Twitter o Instagram (por mencionar algunas de las redes sociales más famosas) no es algo esencial y necesario. De igual forma, mantener la comunicación con familiares y amigos es correcto, pero si en vez de llevar a cabo un conversación sólo se dedican a compartir noticias sin relevancia o memes, al final del día no habrás comentado nada con tu familia y tu carpeta de fotos terminará saturada con imágenes cuya utilidad, más allá de hacerte reír un momento, no es importante.

Uno de los grandes retos que se proponen aquellos que se sienten abrumados por la tecnología es el de pasar un tiempo determinado sin convivir con computadoras, celulares, iPads, tablets, etcétera. ¿Cómo te sentirías al pasar una semana de tu vida sin conexión? ¿Solo soportarías unas horas sin revisar tu teléfono portátil? ¿Afectaría de alguna manera tu estilo de vida o la forma en que te desenvuelves con los demás? Para lograr esto no es necesario que asistas a uno de los famosos retiros son tecnología, recuerda que desde tu casa puedes proponerte cumplir con un horario o con ciertas metas. No se trata que de golpe lo dejes todo, puedes comenzar poco a poco a dejar de consultar tus redes sociales, de esta forma paulatinamente lograrás pasar varias horas, ininterrumpidas, sin consultar las últimas novedades.

Retirarse de la vida digital puede ser algo permanente o incluso intermitente, es decir, por temporadas. Finalmente es tu decisión y tu responsabilidad darte cuenta del lugar donde te encuentras respecto a las redes sociales y la dependencia que crean. Evidentemente no es malo o incorrecto tener diez o solo una red social, ya hemos dicho hasta el cansancio que nos ayudan a conocer nuevas cosas y a conectarnos. De la misma forma, tampoco está mal que decidas permanecer fuera de la red y elimines todas las aplicaciones de tus dispositivos móviles. Finalmente, de lo que se debe tratar tu vida es de hacer las cosas que te gustan y que aportan felicidad a tu día.

Analiza qué te causa más tensión: ¿navegar en la

red y ver millones de noticias devastadoras? ¿Publicar algo y recibir notificaciones incesantes? o, por el contrario, ¿estar fuera de la línea de información hace que el estrés te alcance y acabe con tus nervios? Piensa siempre que son tus propios pensamientos e ideas los que se reflejan en la pantalla y en la medida en que tu estado mental se encuentre en balance aquello que sucede dentro y fuera de las redes sociales no tendrá ningún efecto negativo en tu vida.

No existe una receta secreta para saber cuánto tiempo y cuáles redes sociales y aplicaciones son las adecuadas y correctas. Cada individuo tiene diferentes gustos y puntos de tolerancia. Lo que puedes hacer, en este caso, es restringir su uso poco a poco y ver si de esta manera te vas sintiendo menos estresado con mejor humor, con más energía, etcétera. Un ejemplo de aplicaciones que ayudan a mejorar nuestra vida son aquellas relacionadas con el deporte y la alimentación. En este caso, nos motivan a ingerir alimentos sanos y a realizar actividades físicas ayudándonos con ideas o midiendo el tiempo y la intensidad del ejercicio que estamos llevando a cabo. ¿Habrá aquí también usuarios que sientan demasiado estrés al utilizarlas? Es posible, llevar una vida sana y ejercitada nunca ha sido tarea fácil.

Un consejo útil para que logres tu objetivo de pasar tus días sin conexión a internet y "soportes" el encuentro con la realidad sin filtros y notificaciones es la compañía de personas positivas. Si logras ser parte de un grupo de individuos que te transmiten positividad el periodo de "abstinencia" será más fácil de superar. Otra clave es sustituir una cosa por otra, es decir: tu cerebro y cuerpo están acostumbrados a pasar determinado tiempo frente a la computadora, la tablet o el teléfono. Una vez que dejas de hacer esto te quedas con mucho tiempo libre en las manos y en ahí donde la recaída se llega a presentar. Por lo tanto, creas una nueva actividad para cubrir ese tiempo y espacio que ha queda abierto te será más fácil hacer tu vida lejos de las redes sociales y sus comentarios contaminantes.

Finalmente, si buscamos una gran razón para renunciar, al menos unas horas, al uso de los electrónicos es el sueño. Se ha comprobado que quienes pasan tiempo antes de dormir con su teléfono portátil no logran conciliar el sueño de manera adecuada. La luz de la pantalla hace que su reloj biológico se vea alterado, por lo que éste piensa que es de día aún no corresponde el descanso. Aunado a esto, el hecho de mirar la tan brillante pantalla en medio de la noche hace que tus ojos se lastimen, provocando que paulatinamente pierdas el sentido de la vista. Es evidente que no podemos generalizar estos síntomas o características, pese a ello, la mayoría de la gente que gusta de pasar algunos minutos con su celular antes de dormir sabe que sus noches no son del todo placenteras. Así que, lo recomendable, siempre, es alejarte de los electrónicos, cualesquiera que estos sean, por lo menos una hora antes de dormir.

El mundo digital ha venido a traer mejoras a

nuestra vida, ya que nos permite comunicarnos con personas que están lejos y podemos ver, de forma inmediata, qué es lo que ocurre del otro lado del mundo sin necesidad de viajar hasta ese lugar e, incluso, sin necesidad de conocer el idioma de ese lugar donde están aconteciendo hechos maravillosos. Sin embargo, siempre se hace hincapié en dejar de vivir a través de las redes sociales y comenzar a percibir la realidad tal y como es. En el caso de los más jóvenes resulta más difícil desapegarse del teléfono móvil, de la computadora o los videojuegos, pero debemos aprender a realizar la vida cotidiana sin recurrir a la tecnología en todo momento.

Recuerda que es importante que tomes la decisión consciente de dejar de revisar tus notificaciones de manera constante, pues no obtienes ningún beneficio por eso. Incluso si tu negocio o carrera depende del impacto que ciertas publicaciones tengan en la red debes saber que es necesario olvidarte de las notificaciones, pues por el simple hecho de que revises cada cinco minutos si hay algo nuevo o importante no hará que tus ganancias mejoren, que tu autoestima aumente o que el nivel de estrés o sobrecarga mental disminuya.

Es verdad que si ordenas tu bandeja de entrada del correo o los mensajes de tus redes sociales podrás tener más tranquilidad, sin embargo, piensa en el tiempo que debes invertir para hacer esta actividad. ¿Vale la pena gastar tiempo en ordenar millones de notificaciones que nunca vamos a revisar? En el caso del correo puedes quitar la suscripción a boletines o páginas que no te interesan o es posible que en su momento sí les pusiste atención, pero ahora no hacen más que llenar de basura tu vida. Aprende a descubrir cuáles son las cosas que te quitan energía, en este caso pueden ser ciertas páginas de internet, pero también pueden ser objetos o personas, por ello debes mantenerte alerta frente a los vampiros de energía.

Es posible que una vez que hayas elegido vivir lejos de las redes sociales no sepas qué hacer con ese tiempo que tienes de sobra, por lo tanto esto creará ansiedad que querrás regresar de inmediato a las redes sociales, pero no te desesperes. Lo que debes hacer es encontrar otras actividades para llenar ese espacio de tiempo que ha sido liberado de tu vida. Lo más común puede ser aprender a hacer algo nuevo. Piensa en algo que siempre quisiste aprender o hacer pero que por falta de tiempo o temor nunca te atreviste. Quizá sea tomar clases de baile, aprender a bucear, tocar un instrumento o algo básico como tejer o aprender un nuevo idioma. Por lo tanto, se trata de aprender a reorganizar tu tiempo y espacio ahora que las redes sociales no tienen el control de tu vida.

También recuerda que dejar las redes sociales y las distracciones provocadas por el internet no tiene que ser algo permanente. En la actualidad es muy común que dos o tres veces al año los usuarios se tomen un mes o dos libres de los distractores sociales. Recuerda que depende de ti y el tipo de vida que quieras llevar o la manera en que quieras ir modificando tus hábitos. Finalmente, si eres feliz revisando las redes sociales y agregando contenido a ellas está bien, lo que no es correcto es que dejes de hacer otras cosas que forman parte de la vida solo por estar frente a la pantalla del teléfono. Por esto, no olvides que puedes programar las notificaciones de tus redes sociales para que sólo las revises una o dos veces por día, lo cual hará tu vida más disfrutable y aprenderás a prestar atención a las cosas importantes de la realidad.

Ahora, entre más alejado estés de los aparatos electrónicos mejor será tu vida. Es cierto que en algunos casos nos ayudan a mejorar ciertos aspectos o simplemente facilitan algunas actividades, por ejemplo hay muchos aparatos del hogar que podemos manejar a través del celular o incluso existen casas que pueden abrir y cerrar sus puertas, apagar o prender las luces utilizando el celular como una especie de control remoto. Esto parece sacado de una película de ciencia ficción, sin embargo, por muy fácil y sencillo que parezca, lo ideal es hacer las cosas de manera análoga, es decir manualmente. No perdemos nada con apretar el interruptor de la luz o con programar la cafetera de forma manual, al contrario, al hacer estas pequeñas actividades estamos ejercitando el cerebro y logrando que su funcionamiento sea óptimo.

Para finalizar este capítulo solo resta decir que el correcto balance entre la vida digital y la real dependerá de ti. A veces lo que para algunas personas es demasiado dañino para otras no lo es. Sin embargo, se ha comprobado que los aparatos electrónicos sí pueden modificar ciertos patrones de nuestro cuerpo, sobre todo los del sueño y es ahí donde siempre debes tener en mente que el celular lo debes mantener totalmente alejado de tu vista, por lo menos, una hora antes de ir a la cama. Si no lo haces es muy probable que tu descanso no sea el adecuado y al final de cada uno de tus días termines con ansiedad y estrés, no porque en el trabajo, la escuela o la familia exista algún problema, sino porque el simple hecho de no descansar correctamente habrá mermado tu salud física y mental.

Aprende a cuidar tu salud y tu futuro. No permitas que un aparato electrónico tome el control de tu vida; tampoco, que una persona intente manipular tus decisiones a su conveniencia. Sé tú quien decide hacia dónde ir y cómo hacer las cosas. Recuerda que de ti y solo de ti depende tu bienestar. Conoce tu mente y cuerpo, aprende cuáles son tus límites y crea barreras para que los objetos y personas estresantes no sobrecarguen tu mente con ideas innecesarias y desfavorables para tu bienestar. Aprende a decir no, tanto a las personas como a las incesantes notificaciones de las redes sociales y sus anuncios que más que beneficiarte o enseñarte algo terminan por alejarte de las cosas importantes, es decir, la realidad y sus maravillosas tonalidades.

Capítulo Ocho:

Métodos para mantenerte libre de estrés

En la actualidad es común que las personas experimenten altos niveles de estrés derivado del trabajo, la escuela e incluso los problemas familiares. En nuestra época encontrar un momento de paz y en silencio es cada vez más difícil, el ritmo de vida exige que todo sea hecho con inmediatez, que nos tomemos poco tiempo para digerir la realidad y los acontecimientos que ocurren a lo largo de un día. El uso de internet ha hecho que las cosas sean, por decirlo de alguna manera, efímeras. Es posible que aquellos que han crecido durante los años en los que el internet y las redes sociales no tenían tanto auge recuerden con nostalgia los días de "libertad". Pero no te aflijas, aún puedes conseguir salir de casa sin ningún aparato electrónico que te persiga o que constantemente te bombardee con información y notificaciones.

Uno de los grandes problemas que experimentan los adultos (jóvenes o mayores) es el insomnio. La primera razón que lo provoca es el estrés, el exceso de trabajo, el consumo excesivo de alcohol o comida antes de la hora de dormir y un sin fin de otros factores que pueden alterar tus horas de sueño. Dormir debe convertirse en un ritual que debes cumplir al pie de la letra. Es tu compromiso prepararte física y mentalmente para dicha actividad, pues su finalidad es hacer que repongas las energías que perdiste a lo largo del día. Muchas personas prefieren comer algo ligero por la noche para evitar que la digestión mantenga al cuerpo en un estado activo. Por otra parte, algunas personas prefieren meditar antes de ir a la cama, esto ayuda al sistema a dar inicio con el proceso de relajación, a entrar en un estado de tranquilidad y armonía que finalmente se verá reflejado en las horas de sueño y en la calidad del mismo.

Ahora, si meditar no es una actividad que te convenza del todo puedes intentar relajarte a través de unos sencillos pasos de respiración. Puedes comenzar sentado o acostado, se trata de que encuentres la posición más cómoda para ti. Posteriormente inhala profundo y exhala lento. Mientras haces esto puedes mantener tus ojos abiertos e irlos cerrando paulatinamente. Algunas personas prefieren hacer esto en compañía de música y otras en completo silencio, por lo tanto, es tu decisión crear el entorno perfecto para ti y tus ejercicios, pues no estás obligado a seguir ciertas reglas o parámetros, de lo que se trata es de encontrar la paz interior.

La clave para lograr que tu cuerpo desacelere el ritmo es dejar salir el aire lo más lento posible. Esto hará que los latidos de tu corazón sean pausados y comiences a relajarte. Funciona que en tu mente vayas contando, por ejemplo: inhalas aire y cuenta hasta cinco, pero cuando este salga trata de estirarlo hasta diez. De esta manera lograrás que tu cuerpo se relaje, que comience a trabajar más lento y puedas ir liberando a tu mente del estrés y cualquier tensión que se haya generado a lo largo del día. A veces acompañar la respiración con ejercicios de estiramiento es la clave ganadora. No se trata de que te ejercites como tal, sino de relajar tus músculos a través de movimientos lentos y que terminan por reacomodar tus partes corporales.

Algunas personas piensan que meditar implica tener absoluto control de la mente y el cuerpo, sin embargo, esta actividad no exige que apagues tus sentidos y dejes vacío tu cerebro por completo. Al contrario, consiste en aprender a organizar y utilizar de manera efectiva aquello que te está provocando estrés o ansiedad. Es válido, por completo, que mientras meditas una o varias ideas se cuelen por tu mente, lo que debes hacer es redirigirlas, hacer que no tomen control de tu mente y cuerpo. La meditación no solo te relaja, también te aporta beneficios a largo plazo para que en determinado momento sepas manejar los problemas de forma adecuada y en calma.

Algo similar al ejercicio de meditar es la visualización. En este caso, antes de dormir debes crear un ambiente cálido, con olores agradables y quizá música de fondo o alguna pista que emule el sonido del mar, un río o la naturaleza. Una vez que estés inmerso en este ambiente debes enfocarte en una sola cosa, ya sea el trabajo que realizaste, tu familia, amigos, algún evento que hayas presenciado en la calle, algo que quieras lograr o, incluso, puede ser un problema al que le estés buscando una solución. Visualizar implica el uso de la imaginación, debes ser capaz de ver, sentir, oler y percibir aquello que quieres lograr, de tal manera que atraigas esa energía positiva para tu vida.

Un consejo más para dejar ir la tensión es tomar un baño caliente. Generalmente nos bañamos por las mañanas, apresurados, con el tiempo encima y no nos tomamos el tiempo suficiente para disfrutar el agua caliente cayendo por nuestro cuerpo, dejando que el vapor y el olor a jabón nos traiga cierto estado de paz. Por ello, lo recomendable es que después de un largo día de trabajo regreses a casa y te tomes un tiempo para bañarte con toda la calma del mundo, dejando que el golpeteo del agua sobre la espalda vaya liberando la tensión acumiulada a lo largo del día. Además, si cuentas con una tina, puedes sumergirte en ella y pasar unas horas de relajación. En este caso no se trata simplemente de limpiar tu cuerpo, también debes tener en mente que es un momento que dedicas a ti mismo, que te regalas para ser más feliz y consciente de tu lugar dentro del universo.

Como se trata de dedicar y reservar un espacio tiempo para ti y para consentir tu cuerpo y sentidos, también es recomendable que tomen bebidas calientes, por ejemplo el té. Es evidente que no siempre tenemos el tiempo suficiente para tomar un largo baño, las exigencias de la vida moderna nos dejan poco tiempo para llegar a un estado de relajación totalmente completo, pero tomar una infusión cuya finalidad sea relajarte y darle placer a tus sentidos es lo mejor. En este caso lo recomendable es no tomar café después del medio día, pues este altera los nervios y no te permitirá descansar correctamente por las noches. Aunado a esto, no todas las personas se alteran con la cafeína, existen individuos que, caso contrario, logran relajarse por completo después de beber una taza de café. Por esto, debes conocer tu cuerpo a la perfección, saber qué alimentos lo alteran y cuáles tienen el poder de relajarlo.

Ya hemos hablado sobre las maneras más fáciles para liberar el estrés, la tensión, las emociones negativas y todo aquello que puede llegar a afectar tu vida en diferentes niveles. Pese a todos estos consejos es necesario que sepas que lo más importante es aprender a vivir en el presente. Soltar aquello que nos daña siempre es una tarea sumamente difícil. Creamos ciertos patrones de comportamientos que terminan por convertirse en círculos viciosos y no nos permiten avanzar de manera adecuada por nuestra vida y el mundo. Por ello, darse cuenta del valor que tiene el presente y todos los que lo conforman es una parte fundamental para alcanzar la tranquilidad. Por lo tanto, ¿qué significa, en realidad, vivir en el presente?

Se ha dicho hasta el cansancio que la clave es el autoconocimiento, por lo tanto, debes aprender a identificar cuales son las anclas que no te dejan avanzar sobre el presente. Ahora, tampoco se trata de que pases tu tiempo soñando con un futuro que no llega. Es correcto visualizar hacia dónde quieres dirigirte, sin embargo, no todo el tiempo debes mantenerte inmerso en ese estado de imaginación que se extiende al porvenir. El presente también tiene sus momentos gratos y sobre todo es la base sobre la que comienzas construir tu futuro. Por lo tanto, aprende a gozar de los pequeños momentos que te regala el día a día, la cotidianidad que se crea a través de ciertas prácticas, como tomar un café todas las mañanas, leer antes de dormir, comer en familia y una serie de actividades que van construyendo tu paso por le presente. Siempre ten en mente que "cuando nos concentramos en cada detalle, por ínfimo que nos pueda parecer, aprendemos a disfrutar de las situaciones, nos implicamos en cuerpo y alma e incluso cambia nuestra percepción del mundo que nos rodea." (Linares).

Aprende a sacar lo mejor de cada una de las experiencias que se te presentan. No todo lo que acontece dentro de tu día va a ser perfecto o te hará sentir bien, pero siempre hay un aprendizaje en cada una de las situaciones con las que nos debemos enfrentar. Por ello, también debes aprender a ver en los malos momentos una gran oportunidad para mejorar y conocer una nueva forma de solucionar los problemas. Nadie dijo que vivir es fácil, pero lo que sí puedes hacer, es afrontar todo con actitud positiva y buscar tu bienestar. esto no implica que no apoyes y ayudes a los demás, pero siempre debes buscar primero tu estabilidad física y emocional.

Por ello, a continuación te damos algunos consejos pertinentes y útiles para poder vivir en el presente y aprovechar al máximo los beneficios que esto te puede traer. Primero, debes aceptar todo lo que llega a tu vida, sin importar si es bueno o malo. Recuerda que todo es un aprendizaje. Además, debes aprender a valorar, sin juzgar, cada una de las cosas que van apareciendo en tu vida e incluso aquellas que van desapareciendo de ella. Por lo tanto, como se trata de no emitir un juicio de valor respecto a las cosas que se te presentan vas a comenzar a darte cuenta de que no las puedes clasificar como buenas o mala, sería absurdo, por lo tanto: simplemente son experiencias y cada una tiene un propósito, específico para tu vida.

Lo siguiente es: piensa antes de actuar. Muchas veces nos dejamos guiar por las emociones que nos asaltan en un momento determinado y, en lugar de reflexionar un poco antes de tomar alguna decisión o de dar una respuesta, nos aventuramos fortalecidos por la excitación del momento. Claro está que hay momentos en la vida donde tomar decisiones rápidas en fundamental, pero si somos realistas, la mayoría del tiempo lo requerido es decidir con cautela, pues una resolución mal tomada puede modificar, por completo, el rumbo de tu vida (ya sea de manera positiva o negativa). Es perfectamente normal que tu cuerpo se cargue con muchas emociones cuando se encuentra en una encrucijada, por ello lo recomendable es que te dejes llenar por ellas pero una vez que pase la euforia debes mantener la cabeza fría en todo momento. Reflexiona sobre las diferentes posibilidades que se te ofrecen y esto ayudará a que más tarde no te arrepientas y comiences a vivir en el pasado, queriendo cambiar tu respuesta; o, por el contrario, mantenerse anhelando un hubiera que posiblemente nunca habría existido.

Es correcto reflexionar antes de hacer algo, pero tampoco intentes solucionar todo y, mucho menos, controlar cada movimiento que das o que llevan a cabo las personas de tu entorno. Es correcto que organices tu día, tu semana , tu mes o incluso tu año, pero si te concentras en seguir al pie de la letra todo lo que indica tu agenda terminarás por estresarte, pues la vida no se desarrolla, nunca, de manera ordenada. Siempre habrá momentos o situaciones que no te permitan realizar tus planes o que modifican alguna parte de lo que ya tenías en mente. Por lo tanto, no te conviertas en una persona controladora, obsesionada con el orden y el cumplimientod de las metas a toda costa. Ahora bien, deja que todo fluya, pero no sin control. Suena contradictorio pedirte que te dejes llevar y al mismo tiempo pedir mesura. Pero recuerda que el equilibrio siempre será la llave del éxito. no te compliquen la existencia tratando de controlar todo y a todos, más bien, aprende a delegar y a solucionar sólo lo que verdaderamente esté en tus manos y no todo aquello que se te presente.

Disfruta cada uno de los instantes que van construyendo tu día. Muchas veces nos pasamos la vida comparando este año con el otro, este trabajo con el anterior, el vecindario donde vivías con el que tienes ahora y así con un sin fin de cosas. Se trata de aceptar lo que tienes y disfrutarlo como si fuera el mejor regalo que el universo te ha otorgado. Una forma sencilla de evitar esto es que te enfoques en realizar una tarea a la vez, es decir, no intentar ser *multitask* pues de lo contrario no terminarás nada y dejarás todo por la mitad y la ansiedad te alcanzará. También toma en cuenta que al enfocarse de lleno en una sola cosa podrás disfrutarla al máximo, cosa que no sucede cuando divides tu atención en diferentes elementos.

Deja atrás todos los prejuicios. Las ideas preconcebidas sobre alguna situación en específico pueden no favorecer a tu crecimiento personal. La mayoría de las veces tener ya trazado un panorama fatídico referente a tal o cual situación nos hace individuos temerosos de realizar las cosas, de lograr nuestros objetivos y, al final del día, no hacen más que limitarnos, pues nos da miedo salir de lo establecido y romper las reglas. Parte de vivir el presente es mantener la mente abierta para la recepción de nuevas experiencias formadoras, pues si no dejamos nuestros sentidos ser perceptivos no seremos capaces de adquirir nuevos conocimientos o de modificar los que ya tenemos preestablecidos. A veces cuestionar aquello que ya está determinado puede ser favorable, pues a través de dicho cuestionamiento podemos encontrar los fallos y fortalezas. En el caso de los primeros comenzar a solucionarlos y, en el caso de las segundas, aportar para volverlas puntos inflexibles.

Aprovecha el día o *carpe diem* es una famosa frase que ha existido a lo largo del tiempo y que ha sido citada por muchos, pero un caso específico que nos sirve para ejemplificar a qué nos referimos al incluirla dentro de este libro es al significado que Robin Williams, en su papel como profesor de una preparatoria, la menciona a sus alumnos de forma constante, pues a lo largo de la película (*Dead poets society*) los incita a ser felices, a tener objetivos claros y perseguirlos a toda costa, sin importan cuán distintos o diferentes sean respecto a las reglas establecidas por una sociedad conservadora. En ese caso, si queremos una definición más general de la frase, podemos decir que hace referencia a que debemos gozar y amar cada momento de nuestra vida. Sin regresar de forma constante al pasado o intentar tocar un futuro que por naturaleza es incierto.

Para darle un sentido a la vida debemos pensar siempre en aprovechar cada instante, pues estos pequeños fragmentos de vida se van y no vuelven jamás, por más que lo intentemos. Por ello nunca debes pasarte el tiempo con temor de hacer las cosas, a pesar de que parecen muy alocadas o diferentes a lo que estás acostumbrado. En ese sentido, si tiene ganas de aprender un nuevo idioma o adquirir un nuevo hobbie no lo dudes por un segundo. Haz tiempo en tu agenda y comienza a vivir la vida que realmente te llena y te hace feliz. No importan tus creencias religiosas, lo mejor es pensar que vida solo hay una y aunque puede haber más vida a través de la reencarnación (si es que crees en ello) esta será otra vida, otra nueva oportunidad para hacer más cosas, pero mientras tanto te debes ocupar de hacer esta realidad llevadera y plena.

Debes pensar en cada uno de tus días como un regalo, por lo tanto te corresponde disfrutarlo al máximo, a pesar de que tengas que trabajar, pasar horas en la oficina o haciendo actividades que no son por completo de tu agrado. La vida debe tener contrastes pues son estos los que nos ayudan a ver las cosas maravillosas de la realidad. Aprender a sacar lo mejor de las circunstancias es una tarea complicada, pese a ello puedes lograrlo si mantienes una actitud positiva y abierta a nuevas oportunidades de crecimiento.

No condiciones tu felicidad a los acontecimientos del futuro. Es decir, no la coloques en un lugar al que todavía no llegas o que quizá no alcances a ver nunca. Finalmente, de eso se trata vivir dentro del presente: poner tu felicidad en un lugar a que tienes acceso siempre y no como una meta a alcanzar y que puede parecer poco realista. Recuerda que "el secreto de la felicidad consiste en abrir los ojos a todas esas cosas que suceden en nuestro presente, en el ahora ¿Crees que nunca pasa nada bueno o interesante? No es que nunca pase nada, es que no hay momentos iguales" (La mente es maravillosa).

Vivir dentro del presente es considerar cada día como único e irrepetible, por lo tanto debes ocuparte de disfrutar cada cosa, por mínima que parezca. Mantén despiertos tus sentidos y vive cada nuevo día como si se tratara del último de tu vida, no te preocupes por lo que pueda suceder mañana y déjate llevar por la corriente. Si lo analizas bien puede parecer que te estamos incitando a que hagas las cosas sin medir las consecuencias en el futuro, pero no se trata de eso, más bien, debes pensar siempre en aprovechar los momentos y al hacer esto te darás cuenta de que si llegas a tomar malas decisiones siempre tendrás la oportunidad de arreglar las cosas. No vivas con temor y aprende a vivir disfrutando de tu vida.

Ahora bien, ¿existe un secreto para alcanzar la felicidad? Lo primero es mantener una actitud positiva y lo segundo buscar un estado de paz en todo momento. Después de esto, lo principal es no guardar rencor en tu corazón y mente, una actitud de este tipo solo desgastan tus energías y también tiene consecuencia en tu cuerpo, por ejemplo aumento de la presión, cuadros de ansiedad y estrés. Recuerda que lo primordial es mantener una mente y conciencia claras con la finalidad de mejorar como individuo.

Ser amable con las personas que te rodean siempre te hará sentir bien contigo mismo. Una actitud positiva siempre te llevará más lejos de lo que esperas. Generalmente, se convierte en el motor que puede hacer tu vida más fácil de transitar. Además, está comprobado que cada vez que realizas una actividad bondadosa tu cerebro libera serotonina, esto hace que tu presión se restablezca y que los niveles de estrés disminuyan. En adición, cuando haces algo bueno por alguien y lo realizas de forma desinteresada estás creando fuertes lazos con aquel individuo, pues nuestra naturaleza como seres humanos es permanecer al lado de quienes nos hacen sentir bien.

Cada uno de los problemas u obstáculos que se presenten a lo largo de tu día se puede convertir en una grandiosa oportunidad para ayudar a los demás o simplemente para que tú comiences a trabajar en convertirte en una mejor persona. Esto no quiere decir que la manera en la que llevas tu vida sea incorrecta, al contrario, si estás leyendo este libro implica que te interesa ser mejor a cada momento. Así, cada nuevo problema que aparezca frente a ti debes tratarlo como una oportunidad para mejorar y aprender, pues finalmente de eso se trata de la vida, de poco a poco ir aprendiendo cosas nuevas.

Ahora bien, a pesar de que parezca que tu vida está perdiendo el rumbo y que las cosas no salen como realmente esperabas, nunca olvides la gratitud. Dar gracias por aquello que recibimos e, incluso, por aquello que nos es quitado es una forma de estar en paz con el Universo. ¿A quién debo dirigir mi gratitud? Es normal que no sepas, de entrada a qué ente o energía dirigirte, sin embargo esto depende enteramente de ti. Si eres una persona religiosa, apegada a las ideas occidentales puedes dar gracias a Dios por todos los regalos que ha puesto en tu vida, por aquello que quitó de ella y que, a fin de cuentas, hizo que pudieras mejorar en todos los aspectos. También, es posible que tus creencias estén centradas del lado oriental y sea a Krishna o Buda a quienes dirijas tus plegarias, aunque estos son considerados, más bien, como guías espirituales y no como regidores de tu vida. De igual forma, es posible que tu raciocinio te lleve a creer que no existe tal cosa como Dios o un ente creador, esto no te cierra las puertas para ofrecer gratitud. En tu caso puedes simplemente dar gracias al Universo por las cosas que ha traído hasta ti o a la Madre Naturaleza por brindarte vida, salud, un cuerpo con el cual percibir la realidad, etcétera. En fin, de lo que se trata es de que te tomes la tarea de agradecer por las cosas que tienes y en la medida en que lo hagas comenzarás a notar ciertos cambios positivos en tu vida.

Ya hemos hablado de la escritura como un medio para deshacernos de los problemas e ideas que nos mantienen la mente ocupada por demasiado tiempo. Es decir, la hemos considerado una forma de exorcizar lo que nos hace daño, sin embargo, también tiene la función de sanar y servirnos como un recordatorio de todo lo bueno que nos ha pasado a lo largo de la vida. Es recomendable que al finalizar tu día escribas tres cosas maravillosas que te hayan sucedido, puede ser algo simple como haber tenido la oportunidad de mirar el amanecer, después te corresponde reflexionar qué circunstancias lograron que estas cosas pasaran y, finalmente, cómo habría sido tu dia si no te hubieras permitido disfrutarlas. Escribir ayuda a que tu mente se ordene y, en este caso, como se trata de cosas positivas lo recomendable es guardar tus textos para posteriormente, cuando estés pasando por un momento de tribulación puedas regresar a estos momentos en específico y recordar cuán feliz puedes llegar a ser.

Deja de preocuparte por las cosas pequeñas que no puedes solucionar. Muchas de las veces tomamos muy en serio problemas que en realidad tiene una solución sencilla o que, por el contrario, no tienen solución y no nos corresponde arreglarlos. Es correcto que tengas el control de tu vida y que te preocupe la manera en que se va desarrollando, pese a esto, debes aprender a soltar y, sobre todo, a dejar pasar por alto ciertos elementos. Es evidente que no se trata de mirar hacia otro lado cuando los obstáculos son verdaderamente preocupantes o cuando sí está en tus manos corregirlos, pero mantener una actitud fluida hará que tu vida sea mucho más placentera.

Hablar bien sobre los demás no siempre resulta una tarea fácil, pues es más sencillo encontrar los defectos en una persona en lugar de sus virtudes. Aprende a mirar más allá de las cosas superficiales y de las caras que se muestran frente a la sociedad, generalmente una persona se vuelve más amable cuando entra en confianza. Por ello, darte cuenta de que todas las personas tiene un lado positivo y que solo hay que saber sacarlo a la luz se puede convertir en una gran herramienta para ti, pues aprenderás a visualizar la verdadera esencia de un individuo y en el caso de que se cruce por tu camino un vampiro de energía serán capaz de verlo venir con facilidad y evitarlo a toda costa.

Asume tus responsabilidades en todo momento. Algunas veces es normal que pongamos excusas para hacer algo o, incluso, para terminarlo. Pero de lo que se trata es de que tomes toda la iniciativa y comiences a trabajar en cualquier proyecto que tengas en mente o que hayas dejado inconcluso, nunca es tarde para lograrlo. Además, recuerda que si se quedó a la mitad es porque tú lo decidiste así, no porque alguien más te obligó a ello.

Crear una rutina en tu vida es una de las soluciones más socorridas en nuestros tiempo, sin embargo, como hemos visto controlar cada parte de nuestro tiempo puede llegar a ser abrumador e imposible, pues la mayoría de las veces nos vamos a encontrar con situaciones inesperadas y tenemos que ceder, es decir, salirnos de nuestro programa o agenda determinados. En ese sentido, con el afán de no crear un cronograma totalmente detallado de tu vida lo que puedes hacer como punto de partida es despertar todos los días a la misma hora, esto hará que tu reloj biológico se controle y tu cuerpo solo aprenderá a dormirse temprano y a despertar a la hora indicada, aun sin alarma. De lo que se trata es de ir creando hábitos positivos y una vez que logres cumplir con este puedes ir agregando otros que puedan traer beneficio a tu salud y vida.

Como parte de nuestra vida cotidiana, en la que recibimos bombardeo de las redes sociales y el internet en general es posible que en determinado momento experimentemos la necesidad de compararnos con los demás. Aquella persona tiene una mejor casa, un mejor auto, una perro más lindo, una vida más perfecta. Este tipo de pensamientos, en el que miras lo que no tienes y deseas adquirir aquello que no te pertenece puede provocar gran estrés en tu vida. Por lo tanto, aprende a conformarte con lo que tienes y con las cosas que puedes obtener gracias al fruto de tu trabajo. Agradece por cada una de estas cosas y también da las gracias por tu trabajo, aunque se trate de uno sencillo. Una vez que des las gracias verás que la abundancia irá apareciendo en tu vida, comenzarán por cosas pequeños hasta que paulatinamente y sin que lo notes llegarás a obtener la vida que en determinado momento llegaste a soñar. En cambio, si te estancas en ese pensamiento repetitivo en el que solo envidias algo y no trabajas para mejorar tu actitud no vas a logra salir de ese hoyo.

Por lo tanto, si te rodeas de las personas indicadas podrás lograr tus objetivos con mayor facilidad. Tus amigos y familia deben servir como motor par impulsarte, en todo momento, a hacer lo que te gusta y a perseguir tus sueños, por muy alocados que parezcan. Ten presente que las personas correctas en tu vida pueden llevarte a hacer maravillas y, de la misma forma, tú también sé una persona positiva dentro de la vida de alguien más. Nunca seas aquel que habla mal de los otros o que envidia las pertenencias de sus amigos. Por el contrario, conviértete en ese punto de inspiración que familia y amigos necesitan para seguir adelante y también cumplir sus metas. En ese sentido, siempre sé un buen amigo, que sabe escuchar los problemas de los demás y que es capaz de ayudarlos a encontrar la solución adecuada sin que se afecte a terceros. Es verdad que no siempre podemos dar consejos adecuados o que en determinado momento la situación que esté viviendo alguien más nos rebase, pero de lo que se trata es que que estés ahí como apoyo para quien lo necesite. Esto creará una red de seguridad en la que tú participas como apoyo de alguien más y en la que, de la misma forma, tú puedes encontrar apoyo cuando más lo necesites.

Cultiva siempre tus amistades y familia, pues ellos deben ser tus pilares cuando una tormenta caiga sobre ti. Además de esto, interactuar con más personas te hará adquirir seguridad, mejorar tus relaciones y el resultado será una vida más placentera. Dialogar de forma cotidiana con las personas que amas es la clave para que el equilibrio en tus relaciones se mantenga. Pues nunca es bueno dejar para nosotros guardados los sentimientos y emociones que nos aquejan.

Parece algo obvio, pero cuidar de nosotros mismos es la tarea más importante de nuestras vidas. A veces damos por sentado que es necesario consentirnos, regalarnos descanso y tiempo de calidad para relajarnos y poder continuar con el ritmo de vida moderno. Este tipo de actividades, en las que dedicas tiempo y espacio para tu cuidado personal, hacen que tus niveles de energía aumenten y puedas tener más positivismo frente a las circunstancias adversas. Además, al estar en un estado de relajación y con tu cuerpo cargado de energía pura y positiva serás capaz de ver cuáles cosas son las que verdaderamente te convienen y aquellas que es mejor desechar tu vida. Tener el control total de tus decisiones y del rumbo que tomará tu vida es algo que debes tener siempre como prioridad. Nunca dejes que alguien más decida hacia dónde caminarás. Esto también implica que aprendas a darte cuenta de que dentro de la realidad hay momentos y cosas que no puedes modificar. Por ejemplo, la muerte de un ser querido, la pérdida de un trabajo, el carácter de una persona, las creencias de los que te rodean, etcétera. En ese sentido, la aceptación de las circunstancias será tu mejor aliado, ya que podrás estar en tranquilidad frente a lo que se presente.

Por último, a veces es necesario que llevemos a cabo actividades que nos sacan de nuestra zona de confort, pues pasado el momento de relativa "incomodidad" seremos capaces de ver que en realidad no había nada que temer. Por ello, la recomendación final es que al final del día bailes o cantes tu canción favorita, dedicada a ti mismo y con la finalidad de hacerte sentir pleno o plena de alegría. Tú decides si pones las bocinas a todo volumen, si usas los audífonos o simplemente tararees tu melodía favorita. De lo que se trata, aquí, es de regalarte un momento especial y lleno de diversión.

Conclusiones

Muchas veces el orden mental debe comenzar de afuera hacia adentro. Si nos ocupamos de arreglar y acomodar nuestro entorno, el espacio que habitamos, el lugar donde trabajamos podremos ver que también nuestro cerebro comenzará, de manera inconsciente, a crear un orden y esto permitirá que encuentres estabilidad. Pero lograr el equilibrio adecuado no es tarea sencilla, debes trabajar de manera constante en tu mejoría y aprender a darte cuenta que no puedes lograrlo en soledad, siempre vas a necesitar de alguien que te guíe o apoye durante el tránsito entre pasar de una mente sobrecargada a una mente libre y en equilibrio.

Es muy importante que en cuanto detectes un problema, por muy pequeño que sea consideres resolverlo de inmediato y jamás lo postergues, pues de lo contrario estarás pensando en ello de manera constante y no lograrás superar este obstáculo ni los otros que se te presenten. Y el resultado final será una gigantesca bola de nieve que habrá crecido tanto que terminará por arrollarte y la recuperación será muy difícil y lenta. Es por ello que la recomendación es atender los "problemas" en cuanto aparezcan en tu vida.

La vida nos presenta retos todo el tiempo y es nuestro trabajo superarlos de la mejor manera, pero sobre todo, conservando la positividad. Si mantenemos dicha actitud podremos continuar adelante y superar cualquier obstáculo con mayor facilidad. Recuerda que "los pensamientos negativos forman las paredes de tu propia cárcel, una cárcel que creas para ti mismo. Liberarte de tu prisión es tan simple como cambiar tu manera de pensar." (Rodriguez). ¿Estás listo para cambiar tu forma de ver el mundo y la realidad? A veces no es tan fácil como parece, pero si te lo propones serás capaz de modificar tu perspectiva de las cosas y esto te ayudará a ser mejor cada día.

De la misma manera, debes saber identificar a las personas que en vez de ayudarte a cambiar tu forma de ser para mejorar te llevan hacia el lado oscuro, es decir, que te roban energía o te mantienen dentro de la energía negativa que no te deja avanzar de forma adecuada. Piensa que todos los pensamientos negativos no son reales, más bien son una distorsión de tu realidad, ya sea una que tú creaste o una que alguien más creó para ti y que de alguna manera logró convencerte de que era parte de la realidad o la verdad. Aprende a reconocer a las personas tóxicas de tu vida y a deshacerte de ellas, sin importar si se trata de una pareja, amigos muy cercanos o incluso la familia. No tengas miedo de tomar parte activa de tu vida y dejar de permitir que la energía de otros individuos te afecte.

Debes poder darte cuenta de cuáles son los problemas reales y cuáles no lo son. Pues algunas veces es muy fácil confundirse entre aquello que de verdad representa un obstáculo y aquello que se le asemeja pero que en realidad es una especie de espejismo. En ese sentido, mantener la calma y una mente un tanto fría ayuda a ver los problemas desde una mejor perspectiva y logrando resolverlos de la manera adecuada sin involucrar las emociones y utilizando el intelecto en todo momento. Sin duda no es una tarea fácil, pero puedes lograrlo. Y en la medida en que te fortalezcas será posible que, también, ayudes a otras personas a concentrarse y solucionar de manera adecuada sus problemas u obstáculos que la vida les presente.

Nunca olvides que la prioridad eres tu y tu salud mental y física. Muchas veces intentamos ayudar a los demás pero resulta que al hacerlo quedamos devastados por la cantidad de energía que recibimos de la persona en cuestión, por ello debemos aprender que nuestra tarea en el mundo es practicar el autocuidado ante todo y que en la medida en que estemos bien con nosotros mismos podremos ayudar a los demás a superar sus problemas. Ahora, a lo largo de este libros se han mencionado diversas técnicas para emprender el cuidado personal, por lo tanto, solo basta con que encuentres la que mejor va con tu personalidad y con tus necesidades. Pues también es importante que aprendas que todas las personas somos diferentes y únicos y lo que puede funcionar para alguien más, a lo mejor a ti no te beneficia y viceversa. Por ello, no tengas miedo de experimentar nuevas técnicas de aprendizaje, de autocuidado, de ayuda a los demás, pues de lo que se trata es de probar y en la medida en que tengas un abanico de posibilidades serás capaz de elegir lo que mejor te convenga.

Aprende a amarte por sobre todas las cosas. La aceptación es un punto clave dentro del equilibrio que necesita tu vida. Además, aprende que nadie es perfecto y que también los errores son parte de nuestra personalidad y escencia. Conocer tu cuerpo y mente ayudará a que la sobrecarga de ideas y emociones no termine tomando parte activa de tu vida, al contraro, serás tú quien a prenda a manejar el cúmulo de energía conformado por ideas y emociones y tendrás la capacidad para redirigirlo a donde mejor corresponda. Es evidente que no es fácil mantener el mencionado equilibrio entre las cosas, pero la práctica hará que cada día te sea más fácil lidiar con los acontecimientos estresantes de tu realidad.

Recuerda que a pesar de que seas la persona que dirige a un equipo de trabajo no te corresponde a ti solucionar cada pequeño detalle, aprende a delegar y a conocer las habilidades de los miembros de tu equipo, de esta manera darás tareas específicas a cada uno de acuerdo con sus capacidades individuales. Lo mismo sucede si eres quien está a cargo de tu familia, debes enseñarle a cada uno de los miembros que son capaces de hacer las cosas sin ayuda de alguien más y que tu trabajo es ofrecer apoyo y consejos cuando lo necesiten. No hay nada peor que una cabeza de familia que en vez de formar seres humanos independientes termina por hacer personas que no pueden resolver sus propios problemas.

Ahora bien, en general se trat de que puedas practicar la gratitud desde cualquier lugar. Pues no es necesario que llegues a casa, enciendas las velas y el incienso, pongas música adecuada, etcétera. Agradecer se trata simplemente de tomar un tiempo y espacio de tu día para enumerar las cosas que te hacen feliz y decir "Gracias, Universo, por lo que me has dado". Y recuerda que también debes mostrar agradecimiento por las cosas "malas" o que no te gustan. No olvides que son aquellas cosas que no nos agradan las que más enseñanza dejan en nuestra vida.

Aprende a dejar fuera de tu vida todos los pensamientos negativos o los que, en definitiva, no te ayudan a seguir adelante. Pero toma en cuenta que esto no significa que dejes de pensar, de reflexionar, de hacer preguntas coherentes sobre la vida y aquello que la conforma, más bien se trata de aprender a enfocar la mente para saber cuándo es momento de llevar a cabo las reflexiones y cuándo es momento de descansar y simplemente disfrutar los obsequios del Universo. Recuerda que la base de todo es el equilibrio y si tú no lo consigues o no lo buscas de manera constante es posible que tu vida no avance de forma adecuada. Trabajar y hacer las cosas bien es correcto, pero no tomar tiempo para descansar y hacer las cosas que te gustan puede culminar con tu tranquilidad. Las pausas a los largo del día ayudan a mejorar tu sentido del humor, a desalojar de tu mente las ideas inservibles, a nivelar tu ritmo cardiaco para que puedas continuar con tu ritmo de vida sin afectar a tu salud física y emocional. Sabemos que la vida moderna está llena de estímulos y cosas por hacer, pero debes priorizar tus necesidades y de esta forma disfrutarás mejor de las cosas que el mundo tiene para ofrecerte, solo debes aprender a quererte y cuidarte. Una vez que hayas aprendido la valiosa lección que implica el autocuidado podrás ayudar a otras personas a mejorar su vida.

Bibliografía

De Alba, C. (2019). Sobrecarga mental en el trabajo. *El portal del hombre.* Recuperado de http://www.elportaldelhombre.com/desarrollo-personal/item/814-sobrecarga-mental-en-trabajo-que-es-como-prevenirla

Linares, R. (2019). Cómo vivir el presentes, seis pautas para conseguirlo. *El prado psicólogos.* Recuperado de https://www.elpradopsicologos.es/blog/vivir-presente/

Rodríguez, E. M. (2019). 7 estrategias que desactivan los pensamientos negativos. *La mente es maravillosa.* Recuperado de https://lamenteesmaravillosa.com/estrategias-desactivan-pensamientos-negativos/

Rodríguez, J. B. (2017). Cinco formas de disfrutar y vivir el presente. *La mente es maravillosa.* Recuperado de https://lamenteesmaravillosa.com/aprender-a-ser-feliz-todos-los-dias/

S/A. (2018). Minimalismo digital: simplifica tu vida digital y recupera la realidad. *Ecoosfera*. Recuperado de https://ecoosfera.com/minimalismo-digital-usar-menos-redes-sociales-adiccion-internet

Tartakovsky, M. (2018). 7 Easy Ways to be Mindful Every Day. *Psychcentral*. Recuperado de https://psychcentral.com/blog/7-easy-ways-to-be-mindful-every-day/

9 783991 040248